バイタルセラピー

心と体と魂の
スピリチュアル
セラピー

Therapist
増田蘭修

元就出版社

推薦の言葉——波動療法は次世代の医療

現代霊気ヒーリング協会代表　土居　裕

著者の増田氏は、映像の世界から治療の世界へ転進したという、珍しい経歴の方である。私はまったくの門外漢なのでただ想像するだけだが、CM映像はスポンサーから即効的な成果を求められるのが当然であり、それを企画制作する監督業は、神経をすり減らす職業のひとつに違いない。

不規則な生活を強いられ、ストレス解消のため酒に親しむ例はよく耳にするが、それによって何度も体調が悪化し入院するという、苦い経験も持っておられるようだ。

転進の理由はよく知らないが、セラピストの道に入るや、バイタルセラピーという独自の理論と技法を確立され、いまやその存在と実績は、押しも押されもせぬものとなっている。

バイタルセラピーに取り入れられているレイキは、大正一一年に臼井甕男という人が「臼井霊気療法」の名で創始した宇宙エネルギー活用法で、全世界に普及して数百万人の実践者を有し、現代医療の最先端でも活用されているが、その本質は「入り口は健康になるための手当療法、究極は人としての幸福をめざすもの」である。

私は、一九九三年に「健康と幸福への道」として現代霊気法を構築し、以来一貫して伝え続けているが、「体を治すということは心を治す……つきつめれば魂を治すことであり、バイタルセラピーは人を幸せな状態にするセラピーだと自負している」という増田氏の考え方に共感を覚えている。

私がバイタルセラピーのことを知ったのは、ちょうど二年前のことだった。現代霊気法マスター（指導者）たちの自主的な勉強会が東京で開かれ、増田氏が講師となってバイタルセラピーを紹介したところ、非常に好評だったという。それを知った関西地区のマスターから、関西でも同じような勉強会を開催して欲しいという要望があり、増田氏に話したところ二つ返事で快諾していただいた。

口コミであっというまに定数の二倍近い申し込みがあり、七月の暑い日だったが、皆さんとともにバイタルセラピーの理論と実技の一部を体験した。これも好評を博したが、あとで一部の参加者から「興味深いものだったが、非常に難解だった」という感想が寄せられた。

それはそうだろう、増田氏自身も不満を持っておられたが、バイタルセラピーの全体像を理解し、技法を体験するには三時間程度では無理で、その一端に触れるだけで時間切れになってしまったのだった。

本書は、波動療法というキーワードで、バイタルセラピーの背景となっているさまざまなパーツ（構成要素）が解説され、誰にも理解しやすく、興味深いものとなっている。

著者の先見性が、ときには現代科学が未解明の部分にも及んでいるが、これはひとつの仮説として受け入れておけばよい。やがて科学的に解明される時期がくるだろう。少なくとも波動療法は、次世代の医療として認識されつつあることは確かである。

私は、すべてを効果的なレイキの活用法という面から認識することにしているが、レイキには二つの柱があり、「レイキエネルギーと、その活用法」から成り立っている。

エネルギーの純粋性（宇宙からの愛と調和の波動という特性）を失うと、もうレイキとは呼べないが、活用法は時代に適したものが常に開発され、進化させることが必要となる。

バイタルセラピーは、レイキ療法の範疇《はんちゅう》にとどまるものではないとしても、有効なレイキエネルギー活用法の一形態であり、レイキ実践者に示唆を与えるものとして、一読されることをお勧めする。

はじめに

◇病とは肉体構造の歪《ゆが》みや細菌などが原因で起こるだけではなく、生体を流れる生命波動（生命エネルギー）の乱れによっても起きるという事実を知ってください。病気の大半は、この生体波動のうっ滞が原因で起きるのだと私は考えます。

子供のころから引きずってきたアトピーや喘息、原因不明の出血や下痢、どんな治療を受けても改善しない腰痛や上がらない腕、医者に何でもないといわれたのに長い間患《わずら》ってきた症状……、あるいは破綻寸前だった夫婦関係や家族関係……、このような問題が、マイナス波動の除去と波動調整で嘘のように改善していくのです。

霊やトラウマやカルマといった〝マイナス波動のメモリー〟が「いかに多くの病や不幸をつくっているか……！」そして、その事実を知ることで「いかに多くの病や不幸が救えるか……！」こういった波動のしくみやセラピーの現場で得た臨床の事実と結果を伝えることが、私の使命であると考えました。

◇残念ながら、本書の主旨である病の波動起因論は、まだまだ西洋医学界では認められておりませんし、一般社会にも認知されていません。

現代の科学では証明できない未知なる要因が、いかに病や不幸をつくっているかという事実を知って欲しいのです。

「そんなバカなことがあるか？」「そんな非科学的なことは信じない！」こういった物質しか視《み》ない科学至上主義が、救えるはずの病を救えなくしているのです。

しかし、薬物などによる肉体の改善は西洋医学に勝るものはないと、私は思っています。

生命波動の解放と肉体構造の改善……、お互いの領域を認めてはじめて新しい医療の道が開けるはずです。先達のことばを引用するなら、

「神が癒《いや》し、それからヒーラーが心に包帯をし、そして医師が肉体に包帯を巻く……」そんな波動療法のセラピストと医師との、協和の時代のくることを願ってやみません。

「バイタルセラピー」をはじめとするバイブレーショナル・メディスン（波動医療）が、次世代の医療として認知され、人類の病苦と不幸の根絶につながることを願って本書をおくり

ます。

◇私の提唱する「バイタルセラピー」という波動療法は、まず生命波動の叫び〝魂のメモリー〟を聴《き》くことから始まります。その叫びの中から何が真の原因であるのかを聴き取り、その真の要因にレイキなどの高波動を流すという根源からの療法です。

長年ヤラピーを行なっていて感じることは、体を治すということは心を治す……、突き詰めれば〝魂を治す〟ことであると感じています。セラピーの結果、多くのクライアントが身体の改善だけでなく、向上心と直観力が増し、何よりも心が大らかに優しくなっていきます。つまり、幸せと平安の毎日が訪れるようになるのです。

バイタルセラピーとは、〝人を幸せな状態にするセラピー〟だと自負しています。このことは「セラピーの感想」として、多くのクライアントがコメントを寄せていますので本書の中で紹介します。

また、セラピーや医業に従事する方々のスキルアップや意識改革のためになればという想いで、当療法の理論やメソッドのいくつかも紹介しています。

◇本書は、私の人間構造論や波動操作術の起点である神智学やレイキの臨床面での実証の書でもあります。
「波動とは何か?」「波動の不調でなぜ病気になるか?」「波動でなぜ治るか?」ともすれば、観念論に終始しがちなこの手の療法の解説に対し、できる限り論理的展開を心がけてきました。

また、長年のセラピーの現場で得た実践理論とスキルを、可能な限りライブに伝えようと思っています。

カナダの医師であるリチャード・ガーバー氏著『バイブレーショナル・メディスン』を繙《ひもと》いたとき、そして難解なトランスヒマラヤ密教や数多い神智学の書籍の中で、神智学の何たるかを初めて教えてくれた神尾学氏・著『秘教から科学へ』に出合ったとき、私のこれまで行なってきたセラピーの本質が見えてきました。

私の波動療法へのきっかけとなった、レイキに導いてくださいました土居裕先生と先生の著書『癒しの現代霊気法』はじめ、これらの書と著者の方々に深く感謝いたします。

そして、臨床を通して多くのヒントや問題提起をくださいましたクライアントの皆様に厚くお礼を申し上げます。

バイタルセラピー——目次

「波動と病と幸福のしくみ」

第三章――波動と不幸のしくみ　73

第四章——波動と幸福へのしくみ　103

バイタルセラピー

「波動と病と幸福のしくみ」

第一章——波動の理解

「波動とは何？」

「波動でどう治るの？」

こんな質問に答えます

◇過去という波動のメモリー

「先生！　最近、私の家族に嫌なことばっかりが起きるんです！　妹の彼が今年になって急に性格が変わってしまって……、あんなに優しく好青年だった人が傍若無人な振る舞いを見せ、怒ると妹に手を出すこともあるんだといいます。その上、母は持病の喘息やうつ病が再発して入院……、折もおり父の弟が金銭的なトラブルで蒸発してしまい、父はもうパニクってしまって……、家の中はメチャクチャ！」

私のセラピーラボを訪れるクライアントの方々と接していると、病とは人生そのものであり、人生が病気をつくっているのだとつくづく実感させられます。

肉体や精神が病むのが病気だとすると、人間関係や人の生き方を病むのが不幸なんだと思います。

その要因は、突き止めれば結局、ひとつの要因にぶつかります。

その要因とは「過去のメモリー」です。詳しくいえば、「過去がプログラムしていった波動のメモリー」です。

ストレスという顕在意識に残された波動のメモリー……、トラウマという潜在意識に残された波動のメモリー……、魂という深みに残されたカルマという波動のメモリー……、そして霊性という輪廻《りんね》に受け継がれる波動のメモリー……。

映画のフィルムのように残されたこれらの「過去の波動メモリー」は、人生に絡《から》みつき、人生に影響をあたえるのです。人はなぜ、これほどまでに過去という呪縛《じゅばく》に左右されて生きなければならないのでしょうか?

本書のテーマのひとつは、「過去がプログラムしていった波動のメモリーが及ぼす、人生への影響の究明とその解決法」です。

◇宇宙エネルギーとは

あらゆる物質は、波動性と粒子性の二つの性格を持っています。

物質の持つ性格の粒子性については原子、電子、陽子、クォークというように、さらに小さな粒子（素粒子）の追求という観点から研究されてきました。

こういった研究に対して、最近注目されてきた発想が「超ひも《スーパーストリングス》理論」という考え方です。

宇宙は10^{-35}メートルという想像を絶するような小ささの「ひも《ストリングス》」が存在し、それが振動することによって物質はつくられているという考え方です。

突き詰めると、物質はすべて波動で成り立っており、この波動が低次元レベルで結晶化したものが物質なのだといいます。

前述のクォークよりさらに小さい粒子は、まだ見つかっていません。にもかかわらず、宇宙にはクォークよりはるかに小さい極微細物質が存在するといわれてきました。

「宇宙エネルギー」といわれる微細エネルギーのことです。気功でいうところの〝気〟や〝レイキ〟や、ヨガなどの〝プラーナ〟あるいは〝サトルエネルギー〟などと呼ばれるものは、すべてこの「宇宙エネルギー」を指します。

人間を含め、この宇宙のすべては「ひも《ストリングス》」＝〝波動〟で成り立っているのです。

病気や人の運不運や風水などでいう場の気運などをはじめ、気象や地殻運動など森羅万象のすべての現象は、この波動の変化によって起きているのだといえます。

にもかかわらず現代人は、物質のみがその全《すべ》ての構成要因だと考えてしまったのです。

近代科学が発達するまでの人類は、すべての現象はこの波動の法則で成り立っているということを本質的に感じ取っていました。

日本でも戦前までは、現代のバリ島の人々と同じように、森羅万象のすべてに神（宇宙エネルギー）が宿り、それらが暮らしや自然の全てに影響を及ぼしているということを知っていました。東洋医学の「陰陽五行」という考え方も、そういう観点から出発したものだったと考えられます。

◇「波動で治す」ということ

このように宇宙エネルギーの存在を知っていた人類は、古代からこの宇宙エネルギー（波動）を操《あやつ》る技術も知っていました。

私の波動療法の原点である靈氣（レイキ）の「靈」という文字は、〝雨〟という字と〝器〟という字と〝巫〟という字の合わさった文字です。これは「天からの恵（宇宙エネルギー）を、（器で）受けとめる技術（巫術《ふじゅつ》）」という意味なのだそうです。陰陽師《おんみょうじ》や巫女《みこ》をはじめシャーマンなどは、こういった波動を操る技術を持った特殊な人だったのです。キリストなどの聖人や仙人といった方々も、卓越したヒーラーだったのだと想像できます。

人々は、樹や水、塩や炭、水晶や宝石などの持つ波動が、邪気を除き人々を癒《いや》すということを経験的に知っていました。

では、このようになぜ波動で病や霊障が改善できるかを、セラピーの実践での経験からお話していきます。

ヒーラーが異常部位（病腺）をどのように改善していくかをレイキを例に、図－1で説明

図－１　レーキヒーリングのしくみ

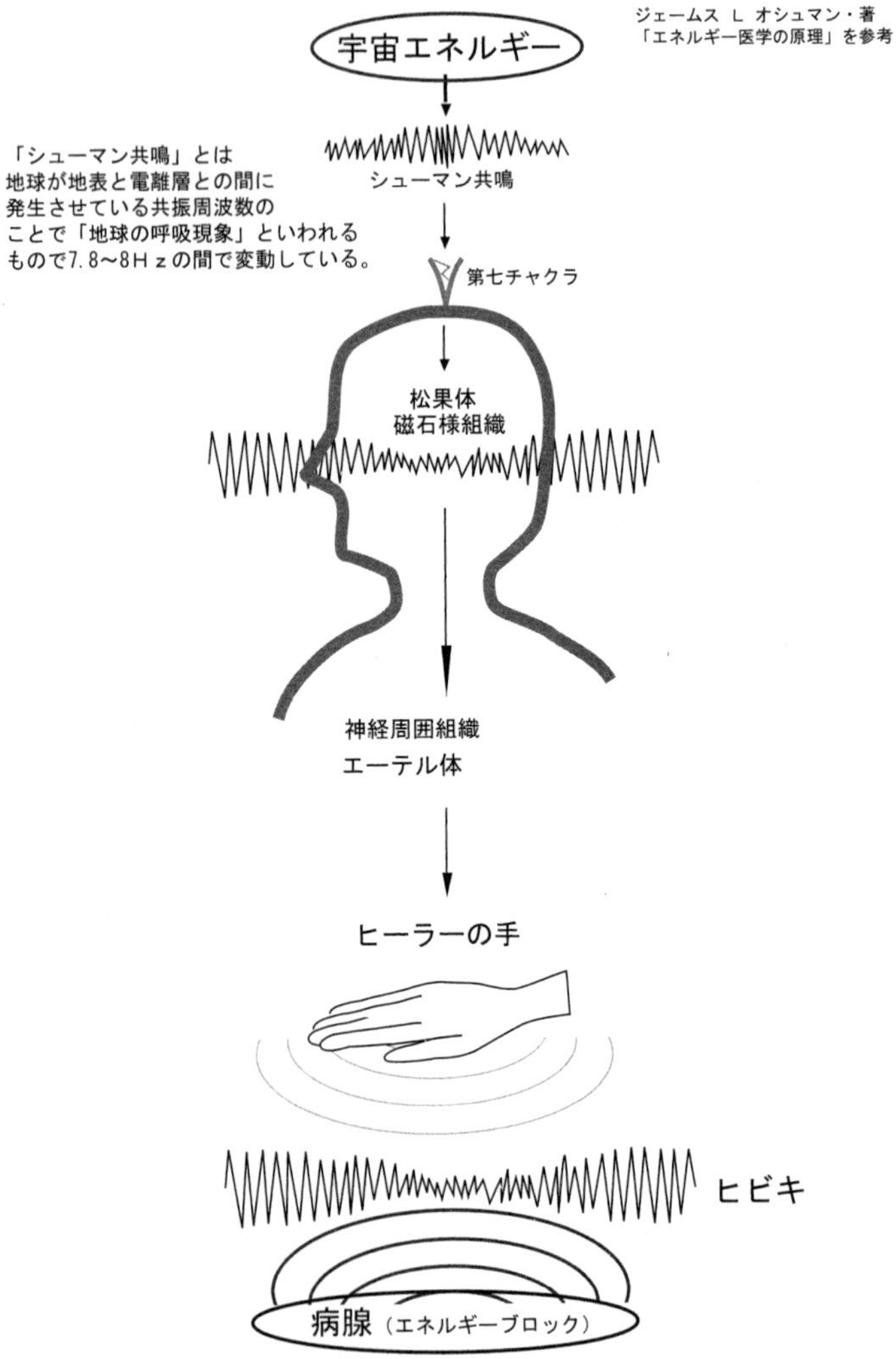

していきます。

(1)宇宙に充満する宇宙エネルギーは、シューマン共鳴という地球の共振作用によって増幅され、チャクラから取り込まれます。

(2)取り込まれたレイキなどの宇宙エネルギーは、脳にある松果体の磁石様《よう》組織という器官を経て生命エネルギーとなり、気の通り道であるエーテル体を通って手の平《ひら》に導かれます。

(3)身体の異常部位のことをレイキでは〝病腺〟といいます。この病腺はマイナスの波動を派生させています。

(4)その病腺に手の平を当てるかかざすと、手の平からレイキが放射され、病腺に反応していきます。レイキのプラス波動(高周波数の波動)と病腺のもつマイナス波動(低周波の波動)の干渉反応のことを、レイキでは〝ヒビキ〟といいます。

(5)この〝ヒビキ〟が終息したら、波動が整ったものと判断し終了します。

キチンと調律されたピアノとギターを並べ、ピアノのソ(G)の音を弾くと、ギターのGの弦がひとりでに振動します。これは、ピアノとギターのGの音が同じ周波数によって起きるところの共鳴現象なのです。

小鳥のさえずりや虫の音がリズムを合わせていっせいに唱和する現象を、私たちは知っています。これは、類似した周波数で振動する二つのものが共振すると、リズムやベースを合わせ同調させる働きが起こるからです。

これを「相互の同期性」（エントレイトメント）といって、レイキのヒーリングにたとえると、病腺のもつ低い波動がレイキの高い波動に共振し、同期現象を引き起こすということになります。

この同期現象によって病腺であるマイナス波動が協和され、生体波動が整い、異常部位が改善していくのです。

この同期現象は、ときに悪い波動に正常な生体波動が同期してしまうという嬉しくない現象を起こすことにもなるのです。人霊や動物霊に感応してしまったり、嫌な場所や嫌な人のマイナスの気をカブってしまうという現象がこれです。

また、愉快で楽しい人のそばにいると、自分も楽しくなってしまったり、サッカーなどのサポーターが熱狂のあまり暴徒化してしまうといった現象も、この「相互の同期性」によって起きる現象です。

◇病腺について

何らかの理由で波動が不調和になり、生体にエネルギーのブロック（波動のうっ滞）が生じ、マイナス波動が発生している部位を〝病腺〟といいます。

この〝病腺〟が生じた部位は、痛みや発熱、悪寒や不快感などといった症状をともないます。また〝病腺〟は、肉体的な部位にかかわらず感情や精神、場の波動、ときには人間関係といった問題にも適用されるものと考えています。

(1)肉体的な病腺：肉体器官のあらゆる部位。痛みや発熱、悪寒や動悸や頭重感、下痢や嘔吐などといった病理学的な身体的症状を生じさせます。

(2)心的な病腺：イライラ感や不快感や嫌悪感、ときには憎悪や殺意まで生じさせることがあります。

(3)場の病腺：そこに行くと落ち着かないといったものから、頭痛や動悸といった症状を生じさせます。

(4)人間関係の病腺：場の波動や邪気による影響（カブリといいます）によって生じることが多いようです。

怒りや嫉妬や憎しみといった想念によっても生じます。この影響は、場合によっては夫婦や家庭の不和といったことに発展してしまうことにもなります。

一般的にいわれる〝霊媒体質の人〟というのは、波動の変化に大変敏感な人であり、この病腺に対してもすぐに感応してしまい、心身の不調を頻繁《ひんぱん》に訴えてしまうのです。

この体質の人は次に述べるエーテル・コードも弱く、こういった波動の変化に過敏な方々なのだと思います。

◇エーテル・コード

この共振させる波動・エネルギーは、エーテル体という目に見えない脈菅のつながりによって伝達されます。

特に強いエーテル体のつながりを〝エーテル・コード〟といいます。霊媒体質の人は、霊の存在するアストラル体と、何らかの理由でこのエーテル・コードがつながりやすいからなのです。

愛し合う男女が俗に〝赤い糸で繋《つな》がっている〟というのも、このエーテル・コードが太くしっかりとつながっている現象を指すのだと思います。

別れたいのにどうしても別れられないといった状態は、別れてもこのエーテル・コードがまだ繋がったままの状態だからなのです。

男女の仲だけでなく、運不運や人間関係の問題や風水の影響なども、このエーテル・コードのつながりのなせる業《わざ》だと思います。

逆にいうと、このエーテル・コードを切ることで、病や不幸や禍《わざわい》と決別ができるということになるわけです。

前世を含む人と人とのエーテル・コードのつながりが人間関係を差配したり、鬼門や方位といった場と場、場と人とをつなぐエーテル・コードが運不運を決める大きな要因となっているのだと思うと、インターネットのWebのごとく張りめぐらされたエーテル体の中で、がんじがらめで身動きできない状態の中に我々はいるのだと、つくづく嫌になってしまいます。

また都市や神社などは、波動の高い場を古代人が経験的に知っていて、そこに人を集合させ、政《まつりごと》や神事を行なったのだと推測されます。強者が高い波動の場を支配し、弱者は低い波動の僻地に追いやられているという事実を歴史は物語っています。

そう思って世界を眺めると、大都市といわれる場所は地震などの天災は少なく、大きな自然災害が起きるのは決まって貧しい辺境の地です。

諸悪の根源は、すべからく波動の乱れによって生じ、そしてその波動を正しく調整することによって、病や人間関係が改善されたりいい運が開かれたり、不幸がなくなっていくのです。

レイヤなどの波動療法とは、単に肉体的不調を改善するだけのものでなく、私たちを〝幸せな状態〟にしてくれるためのものなのです。

コラム①——温泉は波動で効く！

温泉が身体にいいのは、硫黄などの温泉に含まれる成分だと皆さんは思っているかと思います。

確かにそれもあると思いますが、それらの成分が皮膚から吸収されても、思っているほど身体への影響は少ないのではないかと思います。温泉が効くのは、温泉は地中のマグマからのいい波動をいっぱい受けて取っているからなのです。つまり「温泉は地球の波動水」だからなのです。

ご存知のとおり、水は波動をもっとも伝えやすい物質です。このような水がマグマで熱せられて、長い間地中に留まっていたわけですから……〝地球の波動〞がいっぱいなはずです。

ちなみに、私が行った都内近郊の、温泉の波動を計測したところ（あくまでも私のつくった波動基準です）、

瀬田の「山河の湯」：18レベル　　お台場の「大江戸温泉」：10レベル

後楽園「ラクーア」：15レベル　　豊島園「庭の湯」：20レベル

最近できた板橋区の「前野原温泉」と埼玉県戸田市の「彩華の湯」が最高の25レベルでした。

でも、温泉の波動が全て身体にいいとは限らないことも知っておいてください。

何らかの影響でマイナス波動を持っていたり、低い波動の温泉に入ると逆に波動を下げてしまって、体調を崩してしまうということもあるのです。

西の方の何とか風水の温泉というところは、私には波動が低すぎてよろしくなかった経験がありました。

私は職業柄、人より波動が高いので、チョットでも低めな波動にも体調を崩してしまうからなのでしょう。一緒に行った妻と子供は何ともなかったようです。

第二章——波動と病のしくみ

「生命波動の乱れが病気を
つくる！」
西洋医学とは別な病の構造
があることを
知ってください

①【波動と病のしくみ】――病は生命波動の叫びである

◇波動の乱れが病を起こすという事実

映像の仕事をしていたころ、私は仕事柄、撮影のために日本各地や世界に出かけることが多かったのです。

そのころ、頻繁に胃と心臓の中間あたりが突然に差し込むような激痛が走ることがあり、早いときで一五分くらい、遅いときは数日も痛みが続くことがありました。

撮影場所を求めての雪の北陸でのロケハン（撮影のロケーションを探すこと）の途中での入院とか、千葉のフラワーランドでの菜の花畑でのCM撮影で、監督である私の「カット！」という合図で撮影が終了した直後に倒れこみ、そのまま近くの病院に入院してしまったとか、旅先で倒れそのまま入院したことが何回かありました。

検査すると、胆汁を調整する弁が機能していないとか、神経だとかいわれ、結局ストレス性の胆囊炎《たんのうえん》ということでした。

映像制作という仕事は、まあ結構ハードだったものですから、「これは、ストレスですね！……」といわれると、時間は不規則だの、毎晩酒は食らうわで、まあこうなるのも当然かなと納得していました。

おまけにそのころは、慢性のギックリ腰で、一年に数回は整形外科や鍼《はり》のお世話になっていました。

波動療法セラピストとなった今になって思うと、「あれは旅先で邪気に憑《つ》かれたから……」「あのときは精霊たちの悪戯《いたずら》……」「ギックリ腰は多分ストレスから……」と、ひとつ一つ原因も分かるのですが、そんなことは医者もいってくれませんし〝家庭の医学〟にも書いてありません。

人間をはじめとする生物の病気が、細菌やウイルスをはじめとする病原体や肉体そのものの不調で起きるのではないと、その頃に分かっていたらと、悔しくてなりません。

もっとも、世の中の多くの人たちは波動という要因が、我々の身体に大きな影響をあたえているなんて少しも知らないわけですし、学校でも教えてくれないわけです。

病気を引き起こす要因は、図‐2のように肉体的・物質的要因よりも、むしろ波動的要因の方が多いといえるのです。

生体内を流れている波動を、生命波動や生命エネルギーといいます。そのエネルギーの流れが生命活動そのものともいえるのです。

東洋医学などでいわれる気という存在も、波動と同じ意味です。人間の身体もまた、物質である肉体（粒子性）と生命エネルギー（波動性）の両方の要素で成り立っているのです。

この生体内外の生命エネルギーが何らかのストレスで乱されると、エネルギーのブロックをつくり、肉体が変調をきたします。反対に肉体に苦痛などのストレスが加わると、心のエネルギーが乱れ、これまたエネルギーのブロックをつくります。心と肉体の両方が相対となって病気という状態は起こります。

病気とは肉体構造の歪《ゆが》みや細菌などが原因で起こるだけではなく、生体を流れる生命波動（生命エネルギー・気）の乱れによっても起きるということを知ってください。

人の想念・ストレス・トラウマなどのネガティブな波動が、正常な生命波動を乱し、体内にエネルギーのブロック「エーテル的変化」をつくります。そして、この「エーテル的変化」が肉体器官である脳の神経伝達を妨げ、内分泌システムや免疫システムを乱します。

この結果、ホルモンの分泌《ぶんぴつ》や尿酸の増加、血流不良といった「生化学的変化」を生じさせて、粘膜の炎症や筋の緊張、骨格の歪みなどといった肉体構造に変異をあたえることもありますし、また、痛みや発熱といったいわゆる症状や特定の臓器の不調を引き起こすこともあるのです。

図－2　波動と病気のしくみ

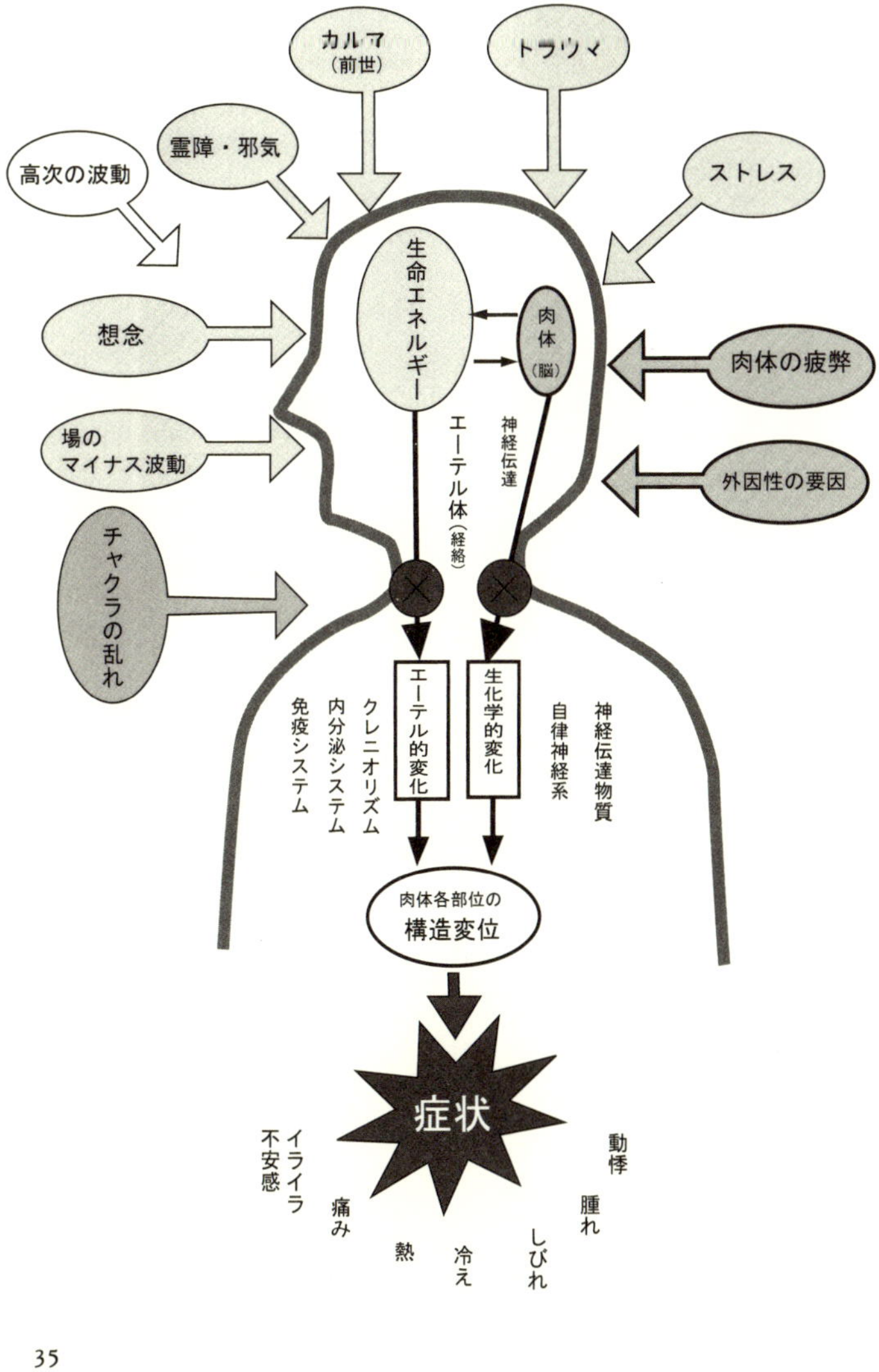

これが、要するに〝病気〟という現象です。正確にいうと波動医学（Vibrationarl Medicine）でいうところの病気の原理です。

バイタルセラピーでは、病気を引き起こす真の要因のことを「メジャー」と呼んでいます。メジャーには、細菌や事故といった肉体的要因、ストレスやトラウマといった心理的要因のほかに、魂の問題が挙げられます。この魂レベルの要因こそが「真のメジャー」であると私は考えています。

過去世において魂レベルまで入り込んでしまった深い心の傷が、幾多の輪廻《りんね》を超えても消滅しないで、現世に持ち越してしまった状態を「カルマ」といいます。

このカルマが病や不幸をつくる「メジャー中のメジャー」であると思われます。

図－3のように、何らかのストレスにより肉体が刺激を受けたとします。この刺激の影響によって生体波動がダウンすると、カルマの結晶化したミアズムというエネルギー的傾向が、魂の奥深くで眠っていたカルマを目覚めさせます。

目覚めたカルマのマイナス波動が、肉体や生命エネルギーに影響をあたえ、先ほど述べたエーテル体的変化や生化学的変化を生じさせます。

カルマによる生体波動の乱れは、人霊や動物霊、幻想動物といったアストラル界の魑魅魍魎《ちみもう》《りょう》を引き寄せます。

図－３　カルマと波動の法則

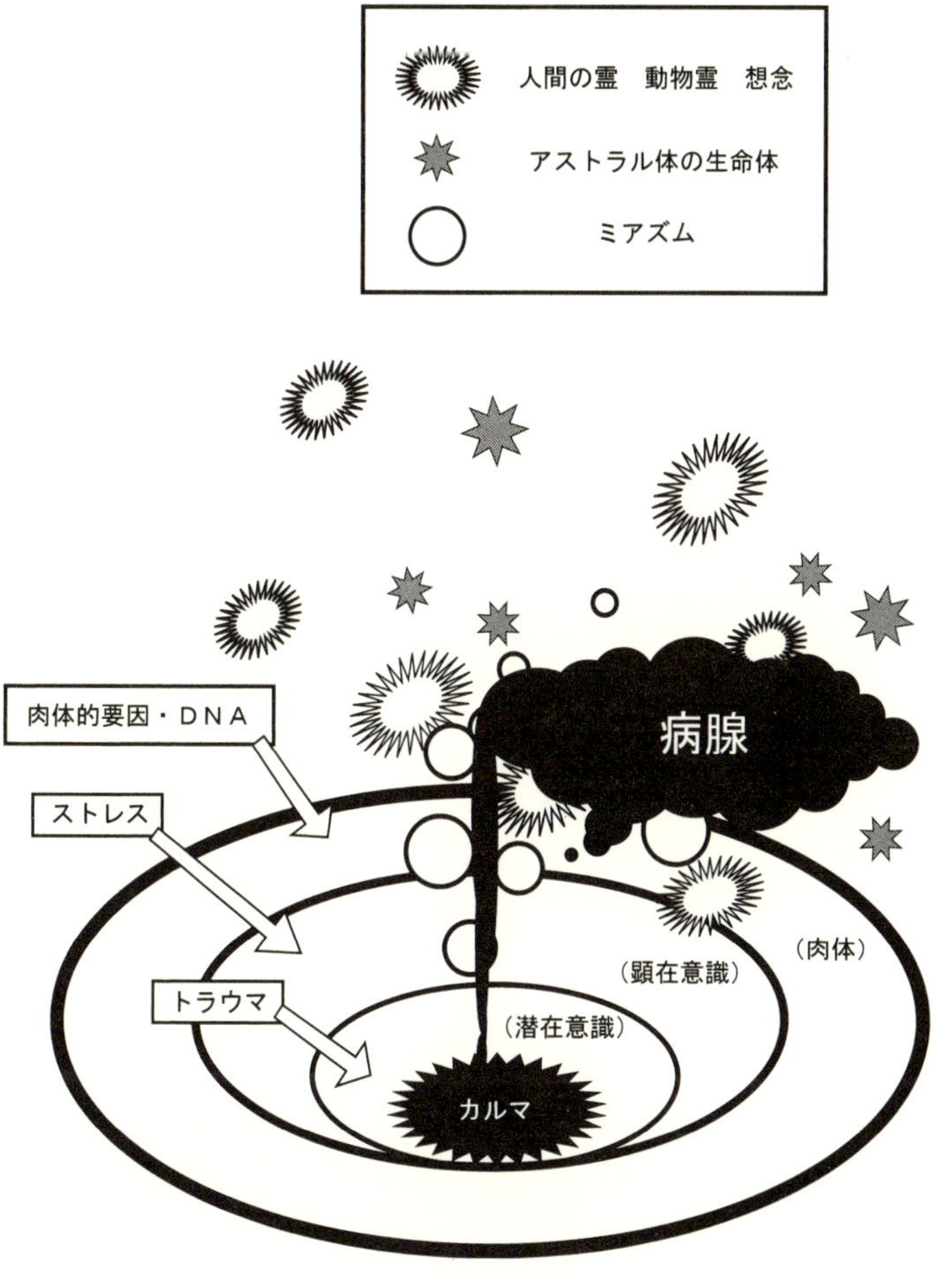

これらはさらに、痛みや発熱などを派生させるメンタル界のエネルギー体（ＥＸ）をも呼び寄せます。

前述のミアズムは、ときに眠っていたＤＮＡも覚めさせます。目覚めたＤＮＡは正常な部位に異常をきたす遺伝的要因となって、病はさらに進行して肉体的症状が進行していきます。バイタルセラピーでの最近の研究では、ＤＫ（俗に悪霊といわれるもの）やＤＴと私が名づけているメンタル界層以上のエネルギー体も、カルマを誘発する大きな要因であると解《わか》ってきました。

これら邪悪なエネルギー体もまた、人霊や動物霊、幻想動物といったアストラル界の邪気やその他の界層のマイナス・エネルギー体を引き寄せ、病や禍をつくり出していきます。

西洋医学で解明されている「物質的な病気の原理」の裏側に、もう一つの「波動的な病気の原理」が存在しているのです。しかしながら、物質中心の近代科学の時代にあって、この事実はオカルティックな不可解な現象として闇に葬られてしまっているのです。

◇チャクラの不調も病の原因

チャクラの問題も、また病を誘発させる大きな要素です。詳しくは次項で述べますが、人体にある七つの主要チャクラを通して、植物が太陽エネルギーによって生かされているように、私たち人間も宇宙からさまざまな微細エネルギーの供給を受けて生かされているのです。

思考や感情といった人間のパーソナリティを構成するエネルギーは、チャクラを通して供給され、内分泌系によって生体エネルギーとして人体が使えるようにします。いらなくなった余剰エネルギーが体外に放出されるのが、皆さんがよく耳にするオーラというエネルギーです。

このチャクラに不具合が起きると、微細エネルギーの供給がとどこおってしまい、内分泌系を狂わせ、ホルモンなどの分泌に変調をきたします。ホルモンの変調による人体への影響は、お医者さんでいわれている症状とほぼ同じです。

副腎皮質ホルモンや甲状腺の異常は代謝を狂わせ、性腺ホルモンの変調は女性の生理に影響をあたえます。バイタルセラピーでは、特に胸腺に注目しています。

◇病は気からはホントです

そういった外部からの要因だけでなく、自己のネガティブな気持ちも脳にマイナス波動を派生させ、生体の波動に影響をあたえます。

〝病は気から〟と昔からいうように、このネガティブな気持ちがけっこう病気の元となっているようです。特にネガティブ志向の人はセラピー後の改善度が、遅いように見受けられます。

一〇の愁訴のうち三が改善したとしますと、ポジティブ思考の方は、「三つも治ったんだから、後の七つもきっと治るぞ……！」と思うのですが、ネガティブな思考の方は「三つしか改善しないんだから、後の七つは無理じゃないか……？」と思ってしまいます。この気持ちがマイナス波動を生み、治る病気も治らなくなってしまうのです。

◇高すぎる波動も病の原因

病気を誘発する要因は、マイナス波動だけではありません。精霊や妖精といったアストラル界に存在するプラスのエネルギー体や、さらに高い界層からやってくる天使、他の惑星からリンクしたスターピープルといったプラスのエネルギー体も、ときに人間に対し苦痛をあたえる存在になります。

人間の平均生体波動より高い波動も、人体に影響をあたえる原因になることがあります。幼児てんかん、膠原病《こうげんびょう》、メニエール病などは、これらの存在の影響で起きる疾病《しっぺい》と考えられます。

いずれにせよ、人体の波動が何らかの要因で変化し乱されることにより、病気を派生させると考えてください。

◇病を派生させるメジャー

以下、病気の要因となる要素「メジャー」を挙げていきます。

バイタルセラピーでは、病気を単なる肉体的な要因と見ず、人間関係や精神的要因である不幸や禍、場のもたらす要因で起きる禍など、これらはすべて「メジャー」から起きると考えています。

A．肉体及び精神レベルのメジャー

(1)外因性ストレス

気象状況などの外因性ファクター。東洋医学でいうところの風・寒・暑・温・燥・火などの六邪といわれるストレス要素。

(2)内因性ストレス

心理面や人間関係などによる精神的な内因性ファクター。東洋医学でいうところの喜・怒・思・憂・悲・恐・驚などの七情といわれる心的ストレス。

(3)不内外因のストレス

肉体の疲弊《ひへい》や不摂生、事故による創傷、飲食の誤り、害虫や細菌による害、薬物の副作用、電波や放射線などによる傷害、環境汚染や地下鉱脈など地理的要因（ジオパシッ

ク・ストレス）など。

(4)ＰＴＳＤ（Post-traumatic Stress Disorder）
潜在意識に潜り込んで感情のブロックをつくってしまった、幼児期などに派生した脳のマイナス波動。心的外傷や広くはインナーチャイルドと呼ばれるもの。

(5)遺伝的要因
親をはじめとする祖先から遺伝的にＤＮＡに引き継がれた肉体的要因。

B．魂レベルのメジャー

カルマ
過去世において魂まで入り込んでしまった深い心の傷が、幾多の輪廻を超えても消滅しないで現世に持ち越されてしまった魂レベルのマイナス波動。

C．エネルギー構造のメジャー

(1)アストラル界のエネルギー体
人の想念、人霊や動物霊、幻想動物といわれる魑魅魍魎、精霊・ディーバ・エレメンタルといった上界から降りてきた生命体など。

(2)メンタル界のエネルギー体

痛みや発熱といった症状を誘発するEXと呼ばれるエネルギー体や、カルマを誘発させるミアズムという存在。

(3)エーテル体の問題

身体内や肉体と各エネルギー界層あるいは固体同士を繋《つな》げているエネルギーの流れる脈管をエーテル体という。

このエーテル体が損傷したり不調になると、各界層や他の個体から、マイナス波動を引き寄せてしまう。

(4)高次元のエネルギー

肉体が、何らかの理由で天使という存在や他の天体の生命体などに繋がり、非常に高いレベルのエネルギーを受けてしまう状態。それ自体は素晴らしいことであるが、低次元の波動レベル肉体が、高波動に対応できないことにより、皮肉にも障害を生じさせてしまうことがある。

D. 微細エネルギーの不活性によるメジャー

チャクラの問題

七つの主要チャクラの他に、東洋医学でいわれる経穴《けいけつ》もほぼ同じ働きをする。このチャクラが閉じたり開きすぎたりすると、微細エネルギーが不足したり供給過多になり、内分泌系が乱れ、身体や精神に様々な変調をきたす。心身の不調和の多くは、このチャクラの不具合に起因するといっても過言ではない。

F．地理的条件からのメジャー（ジオパシック・ストレス）

地理的条件が生み出す大地から派生するマイナス波動。地中を流れる地下水や断層、放射性物質を含む鉱脈、グローバルグリットといわれる地磁気などを指します。風水などでいわれる影響も、ほぼこのことと同じ意味です。

◇病は魂の叫びである！

つまるところ病や不幸の原因は、魂が肉体という器をまとってしまったことの矛盾から始まったのだと思います。

すべては、脳という肉体の機能に宿った「外の心」と魂の中の「内なる心」との〝せめぎ合い〟によって生じるのだと思います。

「外の心」の信念と「内なる心」の本質との〝せめぎ合い〟……、「外の心」の悪と「内なる心」の善との〝せめぎ合い〟……。

この関係が、肉体と魂の間にエネルギー場の差異を生じさせ不具合を起こさせるのだと思います。

それが肉体の苦痛となって現われるのが〝病気〟であり、人間関係や社会関係の不具合となって現われる現象が〝不幸〟や〝禍〟なのです。

特に、何らかの理由で「内なる心」に生じた〝悪のエネルギー〟によって「外の心」が支配されたとき、人間は平気で裏切りや殺戮《さつりく》を行なってしまうのです。

魂に生じたマイナス（悪）のエネルギーの肉体への影響……、肉体に生じたマイナスのエネルギーと魂の中のプラス（善）のエネルギーとの相克……。

病気や禍という現象は、魂から私たちへの信号、〝魂の叫び〟なのです。

例えば、腰痛の人には「お前は腰の部分の波動が弱いのだよ！」という合図を送っているのです。そして、その腰を治すには「ストレスをなくして、心（脳）の波動を乱されないようにしなさい！」という信号を送っているわけなのです。

病気の原因がカルマ（魂レベル）のマイナス波動が原因で起きる場合は、「心の浄化、魂の浄化をしなさい！」と教えてくれているのです。

病気とは、そういった軟弱な私たちに「心身の波動をもっと高めろ！」と何らかの〝気づき〟をあたえてくれているのです。

修行僧は、座禅を組んだり、断食をしたり、滝に打たれたりといった心身の修練により、心や魂を浄化し、心身の波動レベルのアップに努めているのです。しかし、私も含めて軟弱な私たちには、そんな荒行はとうていできません。

では、どうしたらいいのでしょうか？

私たちに求められているのは、何も荒行といった非日常レベルの修行ではなく、もっと日常レベルの行ないの中で波動の上昇に結びつく行ないをアクションすることなのです。

日常レベルの行ないとは……。

(1)病は自己の進化のための〝修練〟なのだと認識し、前向きに捉えること。

(2)霊性を認め、霊性の大切さを知ること。

(3)人間は何かの使命を持って生まれてきているのであって、その答えを見つけるために学び奉仕すること（レイキなど癒しの道を学び実践することなどもその一つ）。

(4)ヨガなど、何でもいいから自分の知っている瞑想を行なう。あるいは座禅をはじめとする内観などを行ない、宇宙の波動と共振する自分を見つめる時間的空間を、暮らしの中に持つこと。

(5)人や場所や動植物や鉱物、それらすべては波動を出している。その波動を感じ、その恩恵を受けているという認識を、日常の中で常に持つこと。

結論的にいえば、病気や人生の苦難は全て、波動の上昇＝チャクラの開花＝魂の進化……のための〝気づき〟であり、人生において私たちがとる様々なアクションは、そのためのステップなのです。

②【チャクラと病のしくみ】——肉体だけではない人間のエネルギー構造

◇チャクラの理解

チャクラは、体内に供給される微細エネルギーの出入り口であり、体内での生命エネルギー流量を調整する機能を持っています。

それは「フォースセンター」や「エネルギーの交換所」とも呼ばれ、一つのエネルギー界層から次の界層へと流れるときに通る、いわば〝変電所〟のようなところです。

右回りに回転しながら、エネルギーの受け入れと送り出しの役割をしているのがチャクラで、この作業が私たちの健康と密接に関係しています。

主要なチャクラは、我々の体表面に沿って七つあります。それぞれ体表面から前後に二・

五センチほど宙に浮いたところにあり、その大きさは約七センチになります。

チャクラは朝顔の花弁に似ています。花弁の数や色彩も違い、チャクラを通って入ってくるエネルギーの周波数が、それぞれのチャクラの色を決定しています。

おのおののチャクラは、それぞれの七つのエネルギー界層と関連しています。

私たちはこのチャクラを通して宇宙から微細エネルギーを取り入れており、入ってきたエネルギーはエーテル体に沿って神経系、内分泌系と、身体のすみずみにまで浸透していきます。

エネルギーの量が増大し、流れがスムーズにいけばいくほど我々は健康になり、その流れが詰まったり欠乏したりすると、病気の原因になります。健康なときのチャクラは時計回りに素早く回転しますが、病気になると回転が鈍くなります。また、全チャクラが閉じてしまうと、それは死を意味するといわれています。

宇宙エネルギーは直接、我々の健康に関係するばかりでなく、感情、思考、精神を含めた全ての意識に関係してきます。

よくいわれる〝チャクラの開花〟とは、人間の意識や精神向上によりこのチャクラの花弁が成長し、身体の中心を通る芯のようなＫａ（カー）と呼ばれる脈管も太くなり、宇宙からの更なる高い波動のエネルギーを享受できることを指します。チャクラの開花が魂の進化を

図－4　チャクラのしくみ

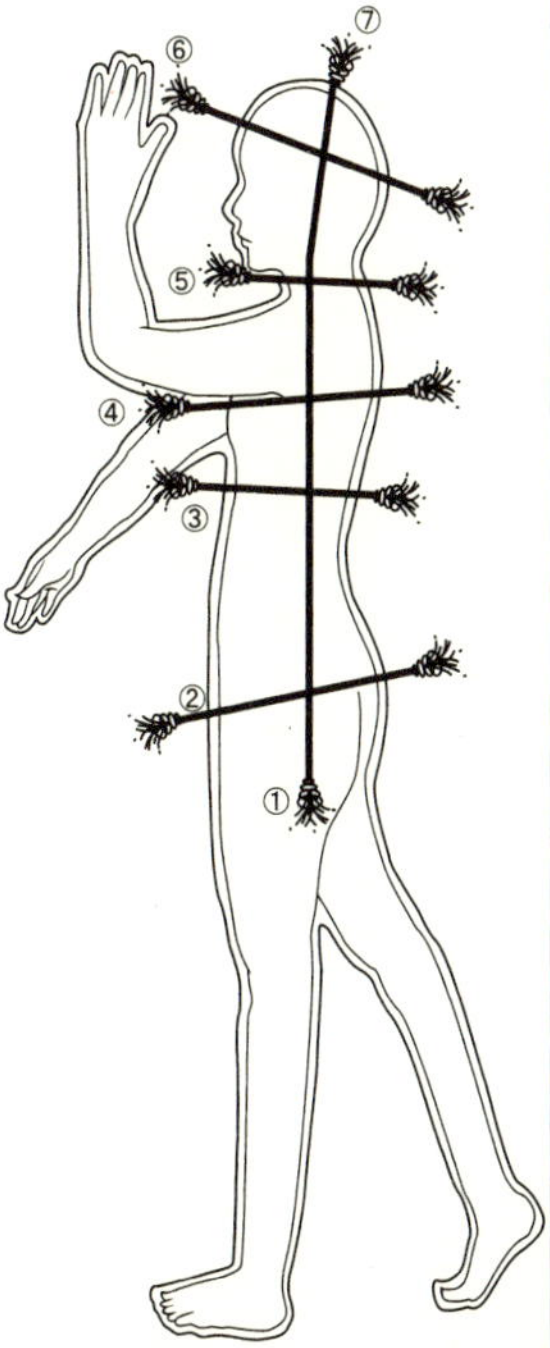

名称	色	位置	界層	機能	内分泌	影響・症状
サハスーラーラ 第⑦チャクラ クラウンチャクラ	紫	頭頂	モナド界	神の一片 霊性	松果体	魂の成長 精神病 てんかん
アジナー 第⑥チャクラ ブロウチャクラ	藍	眉間	高位メンタル界	智慧 霊視	下垂体	発想力 霊能力 発育不全
ヴィシュッダ 第⑤チャクラ スロートチャクラ	青	喉	低位メンタル界	思考 伝達	甲状腺	対人関係 バセドーシ病 橋本病
アナハタ 第④チャクラ ハートチャクラ	緑	胸	ブッティ界	愛 直感	胸腺	愛の欠如 呼吸器系 アトピー
マニプラ 第③チャクラ ソーラプレクサスチャクラ	黄	鳩尾	アストラル界	感情	膵臓	キレやすい ヒステリー 消化器系
スワナディシュターナ 第②チャクラ セイクラルチャクラ	橙	臍の下	物質界	行動性	性腺	性欲 性的異常 婦人病
ムーラダーラ 第①チャクラ ルートチャクラ	赤	尾骨	アートマ界	意志地	副腎	地に足がつかない 排泄器官

促します。

◇各チャクラと病のしくみ

七つの主要チャクラは、図‐4のように内分泌系と繋がっています。チャクラから入った微細エネルギー（生体内に入った微細エネルギーを生命エネルギーともいいます）は、チャクラと結びついている内分泌腺からホルモンというかたちをとった情報へと変換されます。

変換されたホルモンは、臓器など各器官に強力な影響をあたえていきます。波動療法では、チャクラの調整により薬などを用いることなく内分泌系の改善を行ないます。

また、チャクラは体内のエーテル体を通じて、各臓器に生命エネルギーを分配しているのです。このしくみが図‐4のように、チャクラの不調が各臓器の好不調に影響をあたえるゆえんなのです。

以下、各チャクラの個々の働きを述べます。

第⑦チャクラ（冠チャクラ　クラウンチャクラ）――モナド界↓松果体

〔霊的な結びつきを強めるチャクラ〕

(1)最高位の波動中枢である。このチャクラが開花すると「霊的探求」が深まり、高い意識レベルに到達できるといわれています。
(2)このチャクラが活性化すると、右脳と左脳が同期しやすくなります。
(3)このチャクラのエネルギー障害は、精神病を含む大脳レベルの機能障害を起こす可能性を持つといわれています。

〔直観のチャクラ〕

第⑥チャクラ（ブロウチャクラ　第三の目）——高位メンタル体→下垂体

(1)このチャクラの活性化は、優れた直観力を生むといわれています。
(2)第三の目といわれ、このチャクラが高度に発達した人は遠隔視や内的視野（透視・Clairvoyance）が可能になります。
(3)肉体的な障害としては、副鼻腔炎、白内障、下垂体から出る成長ホルモンなどの分泌異常などがあげられます。

〔コミュニケーションのチャクラ〕

第⑤チャクラ（スロートチャクラ　咽喉チャクラ）——低位メンタル体→甲状腺

(1)甲状腺を含む頚部の器官に影響をあたえます。
(2)このチャクラの発達は、アストラルレベルの遠隔聴覚の働きをうながします。
(3)他人とコミュニケーションが苦手な人、自己表現の下手な人の多くは、このチャクラに障害が見られます。
(4)このチャクラのエネルギーが不足だと、橋本病などの甲状腺機能低下症を招き、過剰だとバセドー氏病などの甲状腺機能亢進症や咽頭癌などを招きます。

第④チャクラ（ハートチャクラ　心臓チャクラ）――ブッティ界→胸腺

〔愛情のチャクラ〕

(1)〝愛〟を司《つかさど》っているハートチャクラは、人間のチャクラの中でももっとも重要なチャクラです。愛は現世の間に学ばなければならない大切な課題です。
(2)〝愛〟の問題に困難が生じると心疾患などを誘発する恐れがあるといいます。
(3)ハートチャクラは胸腺に結ばれており、胸線は免疫機能に関連しているといわれています。このチャクラのエネルギー障害が気管支喘息やアトピーに影響をあたえます。喘息は両親の愛情過多によって起こるともいわれています。

第③チャクラ（太陽神経叢　ソーラープレクサス・チャクラ）——アストラル体→膵臓
〔感情のチャクラ〕

(1)このチャクラは、支配や怒りといった感情に関係しています。すぐキレやすい人は、このチャクラに問題があると思われます。

(2)虐待や攻撃性の問題も、このチャクラのエネルギー障害に関係しているようです。

(3)消化器疾患や糖尿病にも関わっていることがあります。

第②チャクラ（仙骨チャクラ　性腺チャクラ　脾臓チャクラ）——肉体界→性腺
〔性をつかさどるチャクラ〕

(1)官能的な感情や性欲に関わっている。

(2)エネルギーの重心がこのチャクラに偏《かたよ》っている人は、性的に淫《みだ》らであったり貧困であったりします。性機能にも影響をあたえます。

(3)このチャクラにエネルギー障害がある場合には、生殖器や膀胱などに影響をあたえています。

このチャクラは仙腸関節や腰痛にも関係しています。

コラム②――女優たちのオーラ！

私は映像の演出家という過去の職業柄、多くのタレントやモデルや俳優の方たちとお付き合いを得てきました。

そんな中で感じた〝女優さんたちのオーラ〟について触れてみたいと思います。彼女らは、普段はオーラを隠しています。始まる前、撮影スタジオや録音ブースに普段着でやってきたときは何の変哲もない〝娘さんやオバさん〟たちが、衣装に身を包みメイクに染まっていくうちに、女優やモデルに変身していくのです。

でも、撮影前はまだ〝着飾った娘さんやオバさん〟たちなのです。

それがカメラの前に立ち、「よーい、スタート！」の掛け声やカチンコの音とともに、それは見事に女優やモデルの艶やかなオーラをプンプンと発するのです。

そして、まずはカメラ側にいる監督である私やカメラマンを目線オーラで魅了するのです。「今回の私の演じる役のオーラはこれヨ！」って感じで、まずはスタッフに決めを出すのです。

それから演技の最中は、全身から演じる役のオーラを発し続けるのです。

上手な方は、演技と演技の代わり目にもオーラは途切れません。未熟な方は役柄のオーラが途切れてしまい、本人自身のオーラを出してしまい、観る人を覚めさせてしまうのです。

そして「カット！」の声とともに、演じることのオーラをそれは見事に消すのです。そしてふたたび〝着飾った娘さんやオバさん〟に戻っていくのです。

波動的に解釈するなら、俳優とは架空の人格とエーテルコードを繋《つな》げることで、他者のオーラを発することのできる特異な才能を持っている人だといえます。

第①チャクラ（ルートチャクラ　尾骨チャクラ　ベースチャクラ）――アートマ界↓副腎

〔地に足が着くチャクラ〕

(1)人間と大地の絆を強く持つためのチャクラです。
(2)このチャクラが弱いと、グラウンディング（地に足をつけて生きている）が軟弱になり、重心が不安定になります。精神的にも浮薄な人生を歩む傾向になります。
(3)東洋医学で会陰といわれるこのチャクラ（経穴）にエネルギー障害がある人は、排泄器官が弱い傾向にあります。

③【ストレスと病のしくみ】

◇ストレスが腰痛をつくるという事実

アメリカのジョン・E・サーノ博士がTMS理論の中で論じていた「腰痛はストレスから起きる！」という記事を初めて知ったとき、私は正直いって「エッ？」という感想しか持ちませんでした。

その当時、カイロプラクティックでのセッションしかしていなかった私にとって、腰痛は仙腸関節の緊張や歪みで起こるという整体理論が絶対のものと信じていました。

「サバンナで小動物が猛獣に狙われたとすると、そのとき、その小動物は〝闘争か?〟〝逃走か?〟の選択を迫られる。血流のほとんどを筋肉に回し、その事態に備える。そのために脳にいく血流が減少し脳にストレスが生じる。

〝逃走〟を選択し成功すると、緊張から解放され、血流は正常な状態に戻っていく。万が一〝闘争〟を選択したとしても、おそらく勝ち目はなく死を迎えるのは必然である。

現代人の場合は、〝闘争〟も〝逃走〟も、そのどちらも選べないという不幸な状況を迫られ、慢性的に緊張状態が続くのである。

その結果、血流は絶えず脳にいかないという状態が続いてしまい、脳自体が慢性的なストレスに襲われるのである。脳は自己を守るために、身体のもっとも弱い部位に自らのストレスをすり替えるのである。その結果、たとえば一番弱い部位が腰なら、腰痛という症状を派生させるのだ」

……詳細は憶《おぼ》えていないが、おおよそこんなことが書かれていたと記憶しています。

腰痛の原因（メジャー）が仙腸関節の緊張なら、その緊張はどうして起こるのだろう?

このサーノ博士の記事がヒントとなって、私の「脳のエネルギーブロック腰痛説」は生まれたのです。

◇ストレスが症状として現われるしくみ

顕在意識で感じているストレスは脳にマイナス波動をあたえ、脳の中にエネルギーブロックを生じさせます。そのため脳からの神経伝達は緩慢となり、脳からの命令が末端器官にうまく届かなくなってしまいます（この現象は、アプライド・キネシオロジーの筋反射テストで証明されます）。

その結果、その人の一番弱い部位、たとえば仙腸関節に緊張をあたえ、筋や骨格に歪みを生じさせます。変異した骨格が、延《ひい》いては坐骨神経をも刺激し、腰部やでん部もしくは大腿部の痛みとなって現われるのです。

これがストレスによって生じるマイナス波動→脳のエネルギーブロック→腰痛のメカニズムです。

弱い部位は、その人により循環器や消化器であったり、内分泌系であったりするのですが、ときには言語中枢に影響をあたえ、言語失調におちいらせたり、聴覚器官の場合は突発性難聴になったりすることもあるのです。

バイタルセラピーでいうストレスとは、単に悩んでいるという状態ではなく、脳の中に生体エネルギーの流れのブロックをつくり、肉体や精神に何らかの症状が現われている状態を指します。ですから、そのブロックが身体や精神に影響をあたえなければ、〝病気〟として扱いません。

昨年、生理不順で訪れたあるクライアントの女性を例に、具体的な説明をしてみましょう。その女性は会社の同僚の女性とうまくいかず、そのことがストレスとなって生理不順を引き起こしていました。

その女性は、母親を三ヶ月前に亡くしており、当初そのことがストレスになっていているのではと主張しておりましたが、母親の死という過酷なストレスは、彼女の脳にエネルギーブロックをつくってはいませんでした。その女性の本当のストレスの原因は同僚の女性にあったのです。

お得意先の社長の娘だというその同僚の女性に対して上司の対応が甘く、昼休みからの帰社の遅れや仕事中の携帯電話にも何も文句をいわないというのです。そのことが自分に比べてエコヒイキだといつもムカついて、その同僚の女性とは口をきかないだけでなく、会社で会ってもお互いに挨拶もしないのだそうです。

そのことが継続的に彼女にストレスをあたえ、性腺ホルモンの分泌に影響をあたえていたのです。

三回ほどのストレスの解放セラピーで、生理不順は少しずつ改善していきました。特筆すべきは、彼女の同僚の女性に対する対応の変化です。

「彼女は得意先の社長さんの娘さんだし、上司も立場上、いろいろ気を遣って大変なのだな……！」と思えるようになり、その同僚の女性の会社での言動が気にならなくなってきたというのです。おまけに向こうから、挨拶をするようになり、最終的には昼食もときどき一緒にするようになったのだそうです。

◇マズローの欲求階層説

心理学者マズローは、人間の欲求をつぎの五つの階層に分けて考えています。
(1)生理的欲求……食欲や睡眠などの本能レベルの欲求。
(2)安全の欲求……生命を脅かす危機を回避する本能レベルの欲求。
(3)愛と所属の欲求……自分を受け入れてくれる仲間や集団を求める、社会的な欲求。
(4)承認の欲求……他者から認められたい、承認されたいというアイデンティティーの確立の欲求。
(5)自己実現の欲求……理想の実現などに対する高次の欲求。
これらの欲求が抑圧されると、心理的なストレスを生み出します。そして、そのストレスの生んだマイナス波動が、脳にエネルギーのブロックを生じさせます。

【感想メール】 1

2005年８月から11月の間に腰痛のセラピーに訪れた kiri さんからの「感想メッセージ」です。

慢性の腰痛から解放され、気持ちも前向きになったようです。

【感想】kiri　NO.10121581　11月13日23時18分

12日にセラピーが終了しました。

先生、スタッフの皆さん、本当にありがとうございました。

約８年続いた腰痛から解放され、ただ歩くことでさえも楽しく感じられるようになりました。

前屈みの姿勢もきつかったのに、体を後ろに反らせることができるようになるとは！

激しい腰痛をはじめ、セラピーを通して体験したすべてのことが
今このタイミングで自分に必要だったのだと思っています。

先生方とお会いしたのも大切なご縁ですので、またお伺いさせていただきます。

その時は、何か良い報告をしたいです。

この度は本当にありがとうございました。
＊＊10ptゲット！＊＊

コメントの編集

【お店から】蘭修　11月15日07時30分

身体が改善してセラピーが終了すると、そのクライアントさんとは当然のことながらお会い出来なる訳でして、中には２度とお会いできない方もいらっしゃる訳です。

病が癒えて社会復帰していただいて、それはそれでボクの仕事がお役に立てて嬉しいのですが……ちょっと淋しい感もするのです。

治療院なのに「また来てくださいね！」というのも変ですし……

Kiri さん、ホント良かったですね！

腰をくの字に曲げて、ベッドに寝る事もできなかった初診の時の姿を思い起すと、まるで嘘のようです。

腰痛が、骨格や筋肉の問題からくるのではなく、心の問題……ストレスやトラウマやカルマといった過去の呪縛……から来るという認識を、医学界を含め社会が認識すれば、もっと多くの苦痛が癒されることと思います。

それには、Kiri さんのような結果の積み重ねしかないと思っています。

それでは、仕事に恋に励んでください！お元気で……！

心に大きな影響をあたえるようなストレスが潜在意識下に潜み込んでしまった状態が、過去のマイナス波動のメモリーとなって、感情にプログラムされてしまうことをトラウマといいます。

トラウマに関する内容は次章で述べますが、病気の改善はこれらの心理的ストレスの解消抜きには語れないのです。心と体はじつに一体なのです。

◇ネガティブ思考や憎しみの感情もマイナス波動

マイナス波動を生み出す要因は、自分自身の意識や感情にもあります。

「どうせ駄目だから……」「私には無理だから……」というようなネガティブな意識や、人に対する憎しみの感情といった想念もまたマイナスの波動を生じさせます。

ネガティブな波動は、人を不快にさせたりイライラさせたりして人を遠避けます（注：「カブリ」といい邪気の憑いた人や場からの影響も、そういいます）。

他人を恨むなどといったマイナスの想念は、結局は自分自身に跳ね返ってきます。

ストレスが原因で起こると思われる症状としては、腰痛、肩こり、冷え性、生理痛や生理不順、動悸や不整脈、高血圧、過呼吸、脱毛などがあげられます。

④【霊性と病のしくみ】

◇居場所を間違えてしまったゴーストたちの不幸

霊や霊性の問題を語らなくして、〃病気と幸福のしくみ〃は語れません。

一九九八年、WHO委員会において、「健康の定義」を新しく見直そうという提案がなされたことをご存知の方もおられるかと思います。

従来の「健康とは、単に疾病または虚弱でないばかりでなく、身体的、精神的および社会的に安寧な状態（ウェルビーング）である」という定義を、「健康とは、（中略）身体的、精神的、社会的および霊的（スピリチュアル）にダイナミックに安寧な状態である」と改めようという提案です。

このことは、健康や病気の要因として肉体（物質）や精神のほかに、霊性（スピリチュアル）の要因も考えなくてはいけないのでは？……という西洋医学側からの問題提起なのです。

魂は肉体を離れても、それ自体に意思と意識を持っているといいます。

人間は霊（魂）と物質（肉体）がいっしょになった存在で、魂にとってこれは結構、不自然で苦痛な状態であるらしいのです。

霊性と肉体の不具合、このこと自体が肉体を持つ我々人間にとって、病と不幸の始まりともいえるのです。

人や動物が死ぬと、魂は肉体から抜けていきます。これを幽体離脱といって、肉体という窮屈な服を脱いで苦しみから解放されるという、新しい世界への旅立ちの瞬間なのです。

神智学によりますと、このとき、肉体と魂を結びつけていたエーテル体という生命エネルギーの回路が、剝がれて解けていくので生命活動が終止するのだといいます。

肉体を離脱した魂は、アストラル体という感情の殼に覆われています。このアストラル体の殼は通常四九日経つと自然に剝がれ、魂（霊）は上界に上がっていくわけですが、生や欲への執着が強かったり、残された者への怨みや不憫《ふびん》の情が強かったりすると、感情の殼を脱ぐことができず、アストラル界という界層に止まってしまうという状態が続きます。

この霊たちが何らかの原因で肉体界に繫がってしまうのが、浮遊霊や自縛霊という状態です。

死霊のマイナス波動が生きている人間の波動を攪乱《かくらん》させ、苦痛や気分の悪化というような何らかの肉体的な現象を起こすのが霊障なのです（魚類などの下等動物は個体の一つずつに魂を持たないで、分化した魂を群魂といった形で共有しているので、こういった浮遊霊化は起きないのだといわれています）。

冬になって山に食料がなくなるので、山から人里に下りてきて人間たちに被害をあたえるクマなどの動物たちのように、霊たちも何らかの理由で本来のいるべき場所（界層）にいられず、生きている人間界に紛れ込んでしまうことで、トラブルが起きてしまうのです。

もし、すべての霊が視《み》えるなら人間と霊たちが交錯して視えるという、ハリーポッターに出てくるような奇妙な光景が見えて啞然とするでしょう。

幸い向こうからは視えるようですが、こちらからは視えないように神さまがしていてくれるようです。

◇霊によるマイナス波動の影響のことを霊障という

霊障《れいしょう》によると思われる身体や精神の不調は、皆さんが想像するよりも非常に多く見られます。

マイナス波動の弱い霊の場合は、大抵の人はそのことに気づかず、身体的な影響も大してありませんが、気感の鋭い人や霊媒体質といわれる人たちは頻繁《ひんぱん》に、霊による影響が見られます。

前にも述べましたが、波動はエーテル体という目に見えない脈菅のつながりによって伝達されます。

特に強いエーテル体のつながりを、〝エーテル・コード〟といいます。霊媒体質の人は、霊の存在するアストラル体と、何らかの理由でこのエーテル・コードが繋がりやすいからなのです。

悪寒や喉や頭の痛みといった風邪に似た症状、めまいや動悸といった症状、下痢や便秘、女性の異常出血、はたまたオシッコが出なくなるといった緊急な症状も、ときには起こります。

子供のころからの肩こりや側湾症やアトピー、女性の不妊症といった症状は、幼児期に入り込んだ霊による長期の霊障によるものが多いようです。

これらの症状の原因は病院にいっても発見できず、長年、治療不可能の病として苦しむという結果を生みます。

頭部に憑依《ひょうい》した場合には、感情を刺激しイライラさせたり、ときには憎しみや憎悪といった感情にも発展させてしまい、家庭内の不和という原因となることも多いようです。

脳の内部に憑依したといった事例の場合、その人の人格をも乗っ取り、その人の意思に反した奇妙な言動を起こさせ、最悪の場合には犯罪といった事件に発展することもあります。

また邪気に憑《つ》いている人や場所は、何となく気持ちが悪かったりイライラさせて、人を近づけ難くします。対人関係や商売にも影響するというわけです。

このように邪気の及ぼす障害は、皆さんが想像する以上に頻繁に、日常レベルに起こっています。悪寒がして風邪かな?……、突然の痛みや圧迫感?……、突発の難聴やめまい?……、自分で自覚しているのにキレて感情的になってしまう?……、こんなときは邪気を疑ってください。

邪気が原因の症状は、浄霊《じょうれい》を行ない、霊を浄化することによって、まるでトゲが抜けたように、嘘のように痛みが改善します。あれほど上がらなかった腕がスーッと上がったり、便秘や頻尿が嘘のように改善したり、人を攻撃してばかりいる人が仏さまのように急変したり、といった感じで瞬間的に改善していくのです。

つぎに、霊障によるものと思われる症状を挙げてみます。

(1)肉体的症状として現われる霊障

下痢や嘔吐、便秘や内臓器官の炎症や腫瘍、腰痛や四十肩などの痛みや機能低下、冷え（冷えの部位が移動する）……など

(2)内分泌システムへの影響と思われる霊障

生理痛や生理不順などの症状、喘息《ぜんそく》やアトピーなどの症状、じん麻疹などの症状……など

(3)チャクラへの影響と思われる霊障
めまい、頭重、嘔吐、悪寒の症状……など
(4)神経系への影響と思われる霊障
動悸や不整脈などの症状、不眠や睡魔、不安感やうつ的症状、金縛《かなしば》りなどの運動支配
……など
(5)精神や人格障害として現われる霊障
憑依による人格支配、意識障害、妄想や幻覚や幻聴、言語や嗅覚への影響……など

このように霊障による影響は、病気といわれる症状のほとんどに現われているのです。この霊障という状態は、前述の人里に紛れ込んでしまったクマたちのように、人間たちのみならず霊たちにとっても大変不幸な状態なのです。

人間界から本来の居場所に戻すのが除霊であり、感情の殻を解いて進むべき上界に進ませてあげるのを浄霊といいますが、信心や供養といった行ないによっても、感情の殻（アストラル体）を解放してあげることができます。

祖先の霊を敬《うやま》うという気持ちが少なくなってきた不信心な現代人の心が、霊たちを本来の進むべき道に進めなくしているのかも知れません。

【感想メール】2（癒しすぽっと“ispot”というポータルサイトに寄せられた掲示板の「感想」を掲載します）

2006年5月から、夫婦の問題でカウンセリングに訪れたあんずさんからの「感想メッセージ」です。

離婚寸前だったお二人の関係が浄霊によって改善され、現在はお子さんと三人家族で幸せに暮らしています。

【感想】あんず　NO.10145191　05月22日20時20分

夫婦仲と自分自身の根暗な部分をなんとかしたくて先生の所に伺いました。

夫とは結婚して3年……顔を見るのも触られるのも口をきくのもいやでいやでしょうがなく毎日が苦痛でした。また主人はお金使いが荒く毎月相当な額を使い込んできていました。そのことについて何度話し合っても「使うもんはしょうがない」と言われるだけでした。家にもほとんどいなくて会話する時間もほとんどなかったです。いつも「いそがしい」の一点張りでした。

主人と離れたい……そう思いつつ〈この人と一緒になったからにはなんとか今を打開したい〉との思いでセラピーを受けました。

元来思いつめるたちの私はこの掲示板を見て私自身に何か悪いものがついているのでは？と思っていました。

しかしセラピーを受けると
主人に女の人の霊がついているというのです。

初回の時に除霊をしていただきました。また、私自身についていたマイナスの波動？もとっていただきました。

あの時は長時間本当にお世話になりました。


その日から、日を追うごとに私たちの関係は変わっていきました。GWも泊まりこみで仕事をすると言っていたのに「家族で過ごしたいから」と家にいて（いつもは家にいてもずっと寝ているか自分の部屋にこもっていたのに）あいた時間はリビングに来て私や子供と話をしたがります。

またお金の面も先月はカードを一切使わずに頑張ってくれました。本当に別人になったようで私の話も聞いてくれるようになりました。

あんなに一緒にいることが嫌だったのが嘘のように私たちは家族で過ごすことを幸せに思えるようになりました。お互いに……


また私自身毎日がとても楽しく充実しています。

マイナス志向が消えプラスなことばかり考えている自分に気付きます。


セラピーの時に感じた私の天使「アニエル様」がいつも見守っていてくださるという安心感とともにとても穏やかな日々です。

私はこの掲示板を見てセラピーを受けたいと思いました。今悩みをもっていてセラピーを受けるかどうかまよっている方がいたら少しでも早く先生のセラピーを受けたほうがよいと思います☆絶対に幸せをつかめるから

次回３回目　また先生にお会いできるのを楽しみにしています。
＊＊10ptゲット！＊＊

コメントの編集

【お店から】蘭修　11月15日07時30分

あんずさんからのメールを拝見し、スタッフの皆が嬉しくって涙が出てきました。

ホントに良かったですね！

「セラピーの最終目的は、人を幸せにするものだ」と日頃から思っているボクにとって今回の仕事は、筆舌しがたいほどに嬉しい結果です。

あんずさんの心もプラス思考になってきたと聞き、更に嬉しい結果だと思います。

こういう「感想」を聞きますと「やっぱりセラピーという、仕事を続けてきて良かった！」と改めて思います。

生命エネルギーを扱う仕事は、やる側も結構キツイ仕事で、邪悪な波動をかぶってしまったりする時など、「もう、いい加減この仕事は止めようか！」と考えてしまう事もあり、その度に「感想」に勇気付けられました。こちらこそ「ありがとう！」と言わせて頂きます。

【感想メール】３

2006年５月12日に霊障による生理痛や精神疾患で訪れたかえるさん。心が晴れやかになって、彼との関係も前より良くなったそうです。

【感想】かえる　NO.10101071　05月12日14時40分

★詳しく口コミしてなくてすみません。
私は精神病で記憶が薄くなったり、人や自分を傷つけていました。行きの電車でも人の視線が怖かったり…

ラボに着いたとき正直…不安でした。

バイタルセラピーを受けました。

やっぱり…憑いてたんですね。。怖くはなくやっぱりという感じでした。

先生と話をしてるとだんだん落ち着いてきました。たびたびのトイレすみません。

手持ちがなく（すみません）良心的なお値段でやっていただいました。３時間もいたのに…

セラピーをうけて２日経ちました。

いつもの酷い生理痛がない！嫌な言葉が浮かんでこないこと、イライラしない、トイレが近くなくなった…ほんとにすごいです！

家族の説得は難しいので働くことにしました。

バイトですが説明会予約しました☆

少し前向きになれました^^

近いうちにまたお伺いできそうです☆

今度は過去世や天使の話をもっとききたいです。

まだ人の視線や孤独感が少しとれないので
これからもお願いします。

ひとつずつでも治していきたいです。

余談ですがセラピーを受けて彼氏との関係が前より良くなりました☆私の心が彼の気持ちをわかってあげられるようになったみたいです。

長くなってすみません。嬉しくて沢山書いてしまいました。。
＊＊10ptゲット！＊＊

コメントの編集

【お店から】増田蘭修・久末聖子　05月12日20時37分

あれから２日しか経っていないのに、もうバイトの説明会に行けたなんて！このような変化があって私達も本当に嬉しいです。

マイナスのエネルギー体がこんなに精神や体を蝕むという事をもっとみなさんに知っていただけると、原因不明の病気で悩んでいる方ももっと少なくなってくると思います。

彼氏さんとも関係が良くなったようで良かったですね。相手を変えるのは、まず自分からと言います。アヤさんに憑いていたマイナスの波動がなくなった事で、アヤさん自身の気持ちの持ち方もアヤさんが発するエネルギーも変わって相手に伝わったのでしょう。

お幸せに！

では、次回はカルマの解放ですね。楽しみにお待ちしております。

コラム③――霊が大好きなパソコン！

私のラボのパソコンやＤＶＤプレーヤーは、しょっちゅう人霊や動物霊にやられてしまいます。

ＰＣがフリーズしてしまうときは、大概ハードディスクに霊が入ってしまっていたり、時にはマウスに入り込んでしまっていることが多いのです。インターネットやメールの時は、モデムかＬＡＮケーブルに憑《つ》いています。

私が映像の監督時代にも、ものすごく高価な編集用コンピュータが理由もなく固まってしまうことがありました。それは大概、深夜の作業の時に起きます。

そうなるとサポート会社とも連絡も取れず、お手上げでひたすら祈って修復を待つしか術はないのです。１時間あたりのフィーが10万円などという高額なマシンもあって、そんな時はプロデューサーも気が気ではないのです。

ＳＥをやってらっしゃるクライアントの方も、深夜のコンピュータのマシンルームには、よく幽霊が出るなどといっています。

この間もレンタルビデオ屋さんから借りてきたＤＶＤの一枚に、男女の霊が各１体と動物霊が３種類も憑いていて、それがプレーヤー本体に移ってしまい、クリーニングを何度やっても読み取り不可になってしまうのです。

私は浄霊できるから事なきを得たのですが、一般の方はディスクが不良か、ハードが故障してるかと思って視《み》るのを諦《あきら》めてしまうんでしょうね……。

電器製品、特にコンピュータの波動が霊はお好みなようです。彼らの波長とぴったり同期してしまうようです。

現代科学の最先端の道具が、霊に一番弱いとは皮肉なものです。

第三章——波動と不幸のしくみ

不幸や禍の原因の多くは

過去に残したマイナス波動

の影響で起こります

①【トラウマと不幸のしくみ】

◇インナーチャイルドの呪縛

顕在意識で生じた深いストレスが、潜在意識に潜り込んでた状態をトラウマ（PTSD）といいます。トラウマとは一般的に、幼児期に受けた出来事（ストレス）がマイナスの波動ブロックとなって、潜在意識にメモリーされてしまった状態をいいます。

そして、そのことが、成長後の行動パターンを左右してしまうのです。

私たちの多くは、幼少期にこれをしてはいけない、これはよくないなど、怒られたときの嫌な感じや恐怖心、あるいはネガティブな制限や観念を、強く植えつけられているものです。

こういった幼少期の好ましくない体験が潜在意識の奥に入り込んでしまい、〝子供のままの自分〟が否定的な感情としてプログラムされてしまうのです。

この〝内なる子供のままの自分〟のことを〝インナーチャイルド〟といいます。

この〝インナーチャイルド〟が、ブロックされた過去の感情のまま残っていて、大きくなってからの行動や意識、感情に影響をあたえてしまうのです。

たとえば、幼児期に弟ばかり可愛がって自分のことは愛していなかったという、いわゆるカイン・コンプレックスがトラウマとなってしまった女性がいたとします。

大きくなって母親にそのことを話すと、「お前と弟は同じように可愛いがったし、同じように愛情を注いで育てたつもりだよ、バカなことをいうんじゃない！」といわれて、彼女は大きくなってその誤りに気がついたとします。

しかし、幼児期に培《つちか》ったそのコンプレックスの感情は、過去のマイナス波動のメモリーとなって意識の奥にプログラムされてしまって、現在の彼女の行動や意識、感情に影響をあたえてしまっているのです。

トラウマを形成してしまう幼児期の主な要因としては、

(1)両親や家族による幼児虐待（身体的、栄養的、性的、感情的など）
(2)暴力やいたずらによる性的体験
(3)育児放棄（ネグレスト）など親の愛情への欠如感
(4)共働きなどで母親にかまってもらう時間が少ないという親の愛情への欠如感
(5)他のきょうだいに比べて、自分は親から愛されていないというカイン・コンプレックス
(6)胎児期に胎内で感じた、夫婦のトラブルや堕胎を示唆する会話

(7)犬や蛇など動物から受けた恐怖心
(8)幼稚園や学校で受けた、友達や先生からのいじめや体罰
(9)両親や家庭環境により、自分を歪めて成長してしまった子供たち（アダルトチルドレン）
……などといった皆さんが想像できる要因のほかに、離乳時期に感じた哺乳器の乳首の感触とか、近所の小母さんに抱かれたときの安物香水の不快な匂いとか、小学校入学時に感じた学校や勉強への不安感が、教科書のインクの匂いの嫌悪といった形でメモリーされてしまったとか、じつに些細な出来事もその要因となっているのです。

また、トラウマは幼児期だけでなく成人してからの出来事も、それが大きな心の傷となってしまう場合は、トラウマとして潜在意識に潜り込んでしまいます。

不倫で受けた葛藤、交際相手による暴力的で屈辱的な性交の強要、一方的な婚約破棄といった男女関係における問題が多いようです。

そういった出来事や事件によって生じる心の葛藤や恐怖心は、三分の一秒間という短い瞬間でもトラウマとして形成されてしまうのだといいます。

◇トラウマとはハイヤーセルフに残された過去のメモリー

脳という肉体レベルで感じる自意識のほかに、真我とか高我といわれる魂の存在をハイヤ

ーセルフといいます。

パソコンにたとえると、肉体レベルの自意識はショートカットであり、ハイヤーセルフとはハードディスクの奥のデイトリーにある真のデータみたいなものだと、私は思っています。

幼児期などに起きる過酷な葛藤や恐怖の感情が、肉体レベルを超えて深いハイヤーセルフという魂レベルまで傷つけてしまうのがトラウマであると考えます。つまり、ハイヤーセルフの中にブロックされてしまった過去のマイナス波動のメモリーです。

ハイヤーセルフに残された過去のマイナス波動のブロックが現在の意識レベルで解凍され、その解凍されたマイナス波動が正常な生体波動に影響をあたえ、行動や意識、感情を阻害していくのです。

②【カルマと人生のしくみ】――前世の業に支配されている人の一生

◇我が子に手を出してしまう母親の事例

「何か滝のようなところで、皆が遊んでいます。子供たちが大勢います。イグアスの滝……これは南米でしたかしら?……でもここはアフリカなんですよね? 先生……」

「お母さんが、滝で水遊びしていた一二歳くらいの娘を連れにきました。そして家に帰ってきました。その家は蔓《つる》と何かの葉で屋根を葺《ふ》いた粗末な家です」

「外では優しそうだったお母さんが、家に帰るなり急に娘に殴りかかります。娘はゴメンなさい！　ゴメンなさい！　と謝っていますが、母親は殴る手を止めようとしません。外から弟たちも帰ってきました。そして食事を始めましたが、その娘には食べさせずに、娘は部屋の隅に座ってじっとしています。あっ、この家の食物はどうもこの娘が、どこからか盗んできた物みたいです。お母さんがそうさせているみたいです。家の道具なんかもそうみたいです」

「こういうことが毎日続いているようです」

私の前世療法の誘導から三〇秒もしないうちに、ＫＡＺＵＭＩ（ハンドル名）は一六二五年前の、途方もなく昔のアフリカの地のビジョンを語り始めていました。彼女の輪廻《りんね》の一四過去世前の出来事です。

「娘は母親と顔が似てないようです。似ていないというより顔立ちや髪の色が、何か人種が違うという感じです。あっ、父親が帰ってきました。父親とその娘は、そっくりな顔立ちです。多分その娘は父親の連れ子で、その母親は継母なんだと思います。それであんなに娘をいじめたんですね……、継母ではないけど今の私みたいに……」

KAZUMIは突然、泣き出す。一六二五年前の出来事が、現在の自分の現状とダブってきたのです……。

*

KAZUMIが私のラボを訪れたのは、四歳の長女に対する常習的な虐待に悩んでいることの相談でした。彼女には拒食の摂食障害もあり、現在は精神科医のカウンセリングを受けており、以前よりは多少の改善は見られてきたといいます。

彼女には二人の娘がいるのですが、上の子に対してどうしても愛情が湧かず、些細なことに憎しみすら覚え、感情を抑えきれず手を出してしまうそうで、何と殴った後に、「ああ、スッキリした」という快感すら覚えるのだといいます。

過去世に登場する娘は現世のKAZUMI自身であり、皮肉にも継母は現世でのKAZUMIの長女だったのです。これは後で述べる、今世に現われた〝エネミーメイト〟による不幸の現われだったのです。

その当時、長女を夫と一緒に夫の実家へ、次女は自分の両親の実家へ預け、いわば家庭崩壊という悲惨な状況でした。

「またしても起こった！　我が子へ虐待！」……最近こういった事件を、ニュースでたくさん見聞きしますよね。教育家の子育て論、はたまた古めかしい道徳論なんかで百花繚乱といった感じです。

はっきりいいまして、KAZUMIのような幼児虐待事件は、教育論や子育て論では解決できません。PTSDが要因となる症例も確かにあると思いますが、行き着くところはカルマの問題であると思っています。

＊

これまで彼女は、四つのカルマのビジョンを、それは繊細で微妙なデテールで語ってくれました。

彼女の視るビジョンは色彩的で、とてもアーティスティックなビジュアルなのです。

たとえば、一一五〇年前の一〇過去世のカルマ（タイの地方の豪族の長だった夫婦の出来事）では、鮮やかなピンクのコスチュームに身を包んだ妃だったKAZUMIに対して、サテン地のような光沢あるコバルトブルーの衣装の王であるKAZUMIの夫……二人は対照的な衣装のカラーリングで物語を演じているのです。

しかも、召使とか兵士たちは地味なモノトーンの色彩の衣装で、目立たない配色という気配りなのです。

王が部下のクーデターにあって惨殺されるシーンでは、真っ白のコスチュームが鮮血に染まっていくという、じつに印象的な映像を語るのです。

私は、かつてCMなどの映像の監督業をやっていたのですが、そんな私が「ウム！」と思わず唸《うな》ってしまう……、私の知っている有能なスタイリストの雅さんやヒロミちゃんがついているかのように思えてしまうのです。

彼女には、合計四つのカルマの影響が見出されました。

過去から遡《さかのぼ》っていくと……、

・カルマ①五過去世・五七〇年前の中近東での出来事
被害者・女→娘であるKAZUMIが実の母親から、継続的な言葉による虐待を受けたカルマ。

・カルマ②七過去世・八二〇年前・台湾での出来事
加害者・男→金持ちの息子だった一八歳の少年KAZUMIが召使の年下の少年に、性的虐待を行なうというカルマ。

・カルマ③一〇過去世・一一五〇年前のタイの地方の王宮での出来事
被害者・女→妃であるKAZUMIと夫である王が、部下のクーデターにあって夫は惨殺され、KAZUMIは王宮を追われ僻地に幽閉されてしまったというカルマ。

・カルマ④前述の一四過去世・一六二五年前の南部アフリカでの出来事
加害者・女→母親（長女）の継子（KAZUMI）への虐待を行なっていたというカルマ。

これら過去の魂の記憶（カルマ）が、確実に彼女の心を蝕《むしば》んでいたのです。魂の記憶が現世の彼女の潜在意識に抑圧となって作用し、娘への虐待という悲しい病状を生み出していたのです（特に①のカルマと④のカルマがもっともこの病に影響をあたえていた）。

その中の一つ（③のカルマ）は、摂食障害の原因にもなっているようです。

このほか、胎児期と少女期の左記に挙げる二つのPTSD（心的外傷）も発見され、これらも摂食障害の原因となっていたのでした。

トラウマ①　四ヵ月の胎児のとき受けた、母親のお腹への何らかの圧迫によるもの
トラウマ②　一〇～一五歳にかけての父親から受けた肉体的な暴力と暴言

特に、②の父からのトラウマは、娘への幼児虐待に少なからず影響をあたえているものと思われます。

◇カルマと病と不幸のしくみ

人は、かくもカルマという過去の業に呪縛《じゅばく》されなければならないのか……、多くのクライアントに前世療法を行なっていると、つくづくと思い知らされます。

「冗談じゃないよ、人生こんなに過去に縛られてたんのかよ！　やってられないよナ」って声が聞こえてきそうな、うんざりするような事実がいっぱいあるのです。

この章で取りあげた幼児虐待をはじめ、摂食障害、対人や閉所および高所などの恐怖症、パニック症状、鬱病のいくつか、言語障害、てんかん、などなど……これらの疾患の多くはカルマといわれる過去の呪縛のなせる業《わざ》であると思われます。

カルマの影響は病という肉体的な現われだけでなく、家族や仕事といった人間関係にまで影響し、不運や禍をつくり出すのです。

さてここで、第二章で述べた、生命波動の観点からみた病気の起きるしくみを、もう一度おさらいしてみましょう。

「気象状況などの外因性のストレスや内因性の心理的・精神的ストレス、そして肉体の疲弊や不摂生、食物や薬物、害虫や細菌、電波や放射線などの不内外因のストレス。これらのいずれかのストレスを肉体や精神が受けると、身体の中（エーテル体といわれる目に見えない脈管）を流れている生命波動（微細エネルギー）が乱され、うっ滞（エネルギーブロック以下EBと表記します）を起こす」

……難しくって、よく解らないと思うでしょうが、もう少し辛抱して先に進んでください……。

「このEBが脳の神経伝達を阻害し、生化学物質にも変化をあたえます。自律神経系や内分泌系、そして免疫システムが乱され、血流の阻害、筋や靭帯《じんたい》への圧迫、神経伝達物質やホルモンの分泌異常をはじめとする要因が肉体構造に影響をあたえます。その結果として、骨盤の変異、内臓の変異や炎症、生理不順、皮膚や粘膜の炎症や湿疹、鬱的《うつてき》症状などといった肉体的症状が起こり、痛みや発熱、だるさや不快感、イライラや落ち込みといった病の現象が現われてくるのです」……とマア、こんな話でしたよね。

でも、これだけでは、病気がなぜ起きるかのしくみの説明としては不充分なのです。ここに、カルマという要素が加わることで、病気の起きるしくみはがぜん説得力を持ってくるのです。

これは病気といった肉体的不調のみならず、不運や禍といった要因のしくみの説明に関しても同様です。

で、先ほどからいっているカルマについてですが、カルマや過去世（注：過去生とも現わす方もいますが本書では過去世と表記）って、イマイチよく分からないと読者はお思いでしょう。カルマについての解説をしてみます。

カルマ（カルマの法則）には、さまざまな解釈があるのですが、ここでは神智学での解釈を述べてみたいと思います。

神智学の若き英知、神尾学氏によりますと、カルマの法則とは、私たちの太陽系を支配する根本的な法則の一つなのだそうです。

もう一つは「再生誕の法則」といわれるもので、「生あるものにはかならず死が訪れ、そしてふたたび生まれてくる」という法則です。

この二つの法則により「輪廻転生と魂の進化」という現象が生まれるということです。今世で生きている人も、すでに過去において数千回、数万回との輪廻転生を繰り返して魂を進化させてきたのですが、魂が転生してくる際に、つぎの世で解消可能な悪いカルマを、かならず一つ選ばなければならないといいます。

そのとき選んだカルマを「熟したカルマ」といって、そのカルマを解消すること自体が、人生の目標として生まれてくるというわけなのです。

ですから、この人生で不幸や禍ばかりが起きるからといっても、元は自分の魂が選んだ結果なのであって、ここで踏ん張って解消できないと、同じカルマを来世に持ち越してしまうことになるのです。

病気が治らず亡くなってしまうか、助かるかは、その人のカルマと相殺されるエネルギーの相対的関係で決まるのだそうです。

たとえ解消できなくとも、病気や死自体がカルマの解消の大きな要因であって、その分カルマが軽くなって、つぎの転生では多少とも充実した人生を送れる確率が高くなるのだといいます。

物質界においてカルマの法則は、ニュートンの「作用反作用の法則」（物を押す力は同じ力で押し返されるという原理）と同じ力学が働き、過去に蒔《ま》いた禍の種は、自分で刈り取るということになるのです。つまり、昔からいわれてきた「因果応報」「業の報い」なのです。

この「作用反作用の法則」は、アストラル界という感情のエネルギー体にも働いており、自分の発した恨みや憎しみといったネガティブな感情も、そっくり自分に返ってくるというのです。それが数過去世おいた現世や来世に、病や禍といった不幸な現象として現われてくるのです。

カルマ（過去世）は、輪廻における情報の記録だと思います。肉体の固体交代の記録がDNAのように、カルマはいわば魂のDNAのようなものだと私は思います。

大部分の肉体や精神・感情の記憶は輪廻の過程で消えてしまいますが、魂レベルにまで傷を負わせてしまった重大な事柄はカルマとなって魂にメモリーされ、次世に引き継がれるのです。

そして、あたかもコンピュータのROMのように魂の奥深く、最初から書き込み不可のデータとしてプログラムされているのです。

カルマは何も悪い事柄ばかりではなく、過去世での素晴らしい出来事も引き継がれます。モーツアルトやイチローといった遺伝や努力だけでは不可解な天才たちの行動も、カルマのなせる業だと思います。

身体に何らかの心理的ストレスや環境的ストレスあるいは肉体的圧迫や肉体の疲弊《ひへい》などによるストレスが加わると、肉体のエネルギーが低下し、まず体質などの遺伝的要因を目覚めさせます（このことは占星術などで注意しなければいけない時期にも当てはまります）。

すると魂の中に眠っていたカルマが目覚め、火山活動にも似て地中のマグマ噴出のように肉体界に浮上し、エネルギーを放出します。

カルマのエネルギーが噴出すると、カルマの結晶化したミアズム（注1）というエレメントを媒介にして人間や動物の死霊、そして精霊やエレメンタルといった肉体を持たないアストラル体（注2）に存在するネガティブな生命体が、あたかも傷ついた小動物に群がるサバンナのハイエナや禿鷹《はげたか》のごとく集まってくるのです。

ときには、メンタル体（注3）といったさらに高いエネルギー界に存在する波動体、いわゆる悪魔と呼ばれる存在までも次々と襲ってくるのです。

そして病が誘発され、悪化していくのです。そのすべての要因はカルマなのです。

前述の前世療法でのクライアントの語るビジョンを目の当《ま》たりにすると、仏教でいわれるところの、まさに「この世は前世の罪を背負ってきた贖罪《しょくざい》のための修行の場」なんだとつくづくと思い知らされます。

（注1）ミアズムとはカルマの結晶化したもので、エーテル体・感情体・メンタル体に蓄積され、人間の病気にかかりやすくさせるエネルギー的な傾向性のこと（リチャード・ガーバー著「バイブレーショナル・メディスン」より）。
（注2）神智学における人間の感情を司るエネルギー体。
（注3）神智学における人間の思考を司るエネルギー体で、低位メンタル体と高位メンタル体に分かれる。

◇甦《よみがえ》る魂に記憶されていたビジョン

貧しくて自分の娘を売ってしまった母親が、老いて死んでいき幽体離脱のとき、娘の霊が「ここから（天国へ）いくことは許さない、あの暗い穴に進むがいい！」といって手を広げゆく手を阻む……、そして母親は浄化のないまま、ふたたび新しい世界へと転生していく……という、別のクライアントのカルマに接すると、「じつはこの世こそが地獄」とさえ思えてくるのです。

人間の運不運といった不幸や禍といったものの構造も、まったく同じ原理だと推測されます。

カルマの力学が肉体の場に出るか、人間関係や運不運といった場に出るかの違いなのです。

＊

さて、冒頭のKAZUMI（ハンドル名）の視たビジョンの結末ですが、娘（KAZUMI）が一二歳になって村を出て行くとき、継母は村はずれまで見送り、娘を抱擁して別れを告げたというハッピーエンドの結末でした。KAZUMIの四番目のカルマは、こういう形で解消されたのです。

カルマの解放の形には、大きく二つあります。それは、そのカルマの出来事において加害者か被害者かによって、その結末は異なります。

その過去世において加害者の場合、暴力とか危害をあたえて相手と最終的に仲良くなるビジョンを視《み》たり、安心立命の境地で近しい人々に看取《みと》られて死んでいくなどです。

ある臨床例では、加害者と被害者二人が背中に羽根をつけて、天使のように天高く仲良く飛び立っていくというビジョンも視ることもありました。

過去世において被害者の場合は、多くは幽体離脱を経て、空高く上っていき、白い雲の中に入っていく。雲に包まれた真っ白な空間の向こうに、黄色ないし金色のまばゆい光、あるいはまばゆい光の漏れた半分開かれたドアを発見する。ドアないし黄色の光の中に、さらに入っていくと、天使のような人間が一人あるいは数人現われ、腕を取ってさらに奥の方まで導く。天使に導かれた先には、ギリシャのアクロポリスのような屋根のない巨大な宮殿が現われる。

ここまではどのクライアントもほぼ同じようなビジョンを視るが、この先が人によってさまざまです。

あるクライアントのビジョンは、宮殿の中にはヨーロッパの宗教画に描かれているような薄物の布をまとった人々が、それぞれ絵を描いたり、竹細工をしたり、思い思いの行為をしている人々が「いらっしゃい！」「ようこそ！」と手招きして迎え入れてくれる。その中には死んだ父親とか、知った顔も見られるのだという。そして、その宮殿で次の転生まで至福のときを過ごすのだといいます。

またあるクライアントは、宮殿（天国すなわちコーザル体）にいく前に現世に戻されてしまうビジョンを視たり、天国にしばらく過ごした後、分厚い本を抱えていた人に呼ばれて何やら質問をされ、兵士の格好をした天使に導かれ、新しい転生へと向かうビジョンを視る人などさまざまです。

被害者だった人の数回のセラピーの最後のビジョンは、このような昇天の図で終わることが多いようです。

こうしてカルマが解放されると、自分の過去を反省したり、過去の因果の応報を悟り、気づきを得ます。

ある人は止《と》め処《ど》もなく泪《なみだ》を流し、こうして感情も解放されていくのです。そして、心を苦しめていた詰まり物が取れた感じで、晴れ晴れした気持ちになっていくのです。その結果として、心と体の病は癒《いや》されて平穏な日々が得られるのです。

◇ソウルメイトであることの幸不幸

過去世において何らかの人間関係にあった人たちが再び現世で出会い、同じ使命や達成すべき目的を共有するために関わる関係を〝ソウルメイト＝魂の伴侶〟と呼びます。

中でもツインソウル（ツインフレーム）といわれる関係は、他のソウルメイトよりさらに親密です。

魂は元来、男性性と女性性でひとつの魂を形成しているのだそうですが、ツインソウルの場合は、現世で別々の男女として生まれてきたというのです。

このツインソウルが出会ったときは、会った瞬間に互いに強烈に惹《ひ》かれあい、それこそ〝赤い糸〟で結ばれた関係になります。

要するに〝一目ぼれ〟というヤツで、それこそ激しくドラマティックな恋が生まれるのです。

このツインソウルが独身同士ならマア万々歳なのですが、片方が既婚者となると、逢ってはいけないとどんなに思っても逢わずにはいられないといった〝危険な恋〟に落ち入ってしまうのです。

強烈な使命を抱いて一つに集合するといった〝何々同志〟という関係も、ソウルメイトのグループのなせる業だと思います。

ソウルメイトが、この現世で出会うと、かならずしもいい関係になるというわけではありません。

過去世で不仲な関係であったり、敵対関係にあったりした同士が、現世で何の因果かめぐり合うと、不幸な人間関係が生じかねないのです。

最初は一目ぼれだった夫婦が、結局、憎しみあって分かれてしまうなどという不幸も、この敵対ソウルメイト（エネミーメイト）なのかも知れません。

何も悪いところはないのに、どうしても好きになれない父親とか上司などという関係も、このエネミーメイトなのでしょう。

過去世で受けて人間関係の軋轢《あつれき》がマイナス波動として魂の中に残ってしまい、それがときにカルマとなって、数百年もの歳月を経た今世の人間関係に影響をあたえてしまうというわけです。

このカルマにおけるエネミーメイトという関係も、人生を不幸にさせるしくみの一つなのです。

もっとも不幸な関係は、前述のKAZUMIのわが子虐待例のように、かつて子供であった母親の自分が、今世では子供であるかつての母親に虐待や暴力を受けていたという関係が、逆転して今世に現われてしまったような出来事です。

可愛いはずのわが子が理由もなく憎く、自分の意思とは裏腹に手を出してしまい、手を出した後は爽快感すら味わう……という事例は、これまたカルマという過去の「マイナス波動」のなせる悲劇なのです。

このカルマによる幼児虐待の事例は、幼児期に自分が親から虐待を受けていたことがトラウマとなって、わが子に同じことをしてしまうという事例より、多いのではないかと思います。

しかし、このソウルメイトの役割は、良くても悪くても私たちがそれをきっかけに何かを学んだり、人生の方向を修正すべき〝気づき〟をあたえてくれるためなのだと思います。

◇KAZUMIのセラピーを終えて

五月の中旬に始まったセラピーが七月に入ると、まず拒食症が改善され、食事も普通に摂《と》れるようになり、睡眠剤なしに眠れるようにまでなってきた。長女とも週末には生活をともにできるように改善が進んだのです。

八月の初め、九回目の最終セラピーを終え、トラウマやカルマはすべて解放され、完治のときを迎えたのです。

KAZUMIはこの年の夏、夫の実家から戻った長女と家族四人で、初めての穏やかで素晴らしい夏休みを過ごしたのでした。

【感想メール】 4

2005年5月～8月の間に、摂食障害・幼児虐待のセラピーに訪れたKAZUMIさんからの「感想メッセージ」です。

崩れてしまった家族の絆が回復しました。

【感想】KAZUMI　NO.10077639　08月19日00時12分

先日バイタルスピリチュアルセラピーを卒業し（計8、9回通いましたね）、お祝いにいただいたクリスタルを身につけているせいか毎日身体も軽く、心も穏やかに過ごしております。通院するまで半信半疑でしたが、あんなにも鮮明に自分の過去世（カルマ）を見たり、その問題を解決して行った過程はこれからの生活の助けになってくれそうです。

過去世のビジョンはまだ頭の中に鮮明に残っているのですが、残念ながら絵が苦手なために紙に残す事ができないのがもどかしいところです。

アフターケアでもまだお世話になりますので、色々と教えていただきながら問題解決に努めていきたいと思っています。

そういえば摂食障害や飲酒問題はなくなり、父との確執も生まれて初めてわだかまりが解けてきています。

先生お力添えありがとうございました。
＊＊10ptゲット！＊＊

コメントの編集

【お店から】蘭修　08月22日22時02分

Kazumiさん、症状が改善して本当に嬉しく思います。

お子さんとの関係、お父様との関係も良好になって本当に良かったと思います。

病という肉体的な改善だけでなく「人を幸せにするセラピー」というバイタルセラピーのコンセプトが実践できたものと確信しております。

これもひとえにKazumiさんの熱心な通院の賜物と思います。

過去生のビジョンにつきましては、あれほどまでに鮮明かつ繊細なデテールを表現した人は初めてです。

現在、私のセラピーの書籍を執筆中です。

Kazumiさんの臨床も是非と取り上げさせていただきたいと思っておりますので、ご協力をお願いいたします。

来月、元気なお顔を拝見できるのを楽しみに……

ご投稿ありがとうございました。

③【魂と肉体の不具合のしくみ】

◇着間違えてしまった肉体という服

肉体的な性とは別に、魂の性にも女性性と男性性という性別があるといいます。連続して一つの性（肉体としての）に転生しつづけて、久し振りに今までと異なる性に転生すると、これまでの過去で経験したジェンダー（社会面や行動面での性）が魂に影響していて、人格として違和感や錯覚を覚えるといいます。

たとえば、過去七～八回ほど連続して男性に転生していた魂が、今世で久し振りに女性の肉体に転生したとすると、彼女は過去世で男性としての経験した肉体感覚（正しくは、男性として性別に対する社会的な認識や偏見がもたらした肉体感覚）から離れられなく、自分が女性であることに違和感や場違いの感覚や感情を持ってしまうのです。

何か欺《あざむ》かれたような感覚や疎外感・空虚感を幼児期から持ち、そのことが人格の形成に大きく影響してしまい、男性への関心のなさや、男性への不信感や性的嫌悪（男性の場合は勃起不全）、ときには対人恐怖症や不安症などを招いてしまうことがあります。このことが極端なケースの場合には、性同一性障害になるともいわれます。

この「魂と肉体性との不具合」は、地域や文化圏の異なるところに転生した場合にも起きるといわれています。同じ文化圏に連続して転生し、肉体感覚を持ってしまうといいます。これらの「魂と肉体性との不具合」も、マイナス波動を生じさせ、特に心パーソナリティに影響をあたえてしまい、何らかの心の病を生じさせる要因（メジャー）となるのです。

◇アースエンジェルたちの過酷な人生

二〇〇四年頃から、私のラボにある種の方たちがやってくることが多くなりました。クライアントとしてくる人、開いているワークショップのセミナーにくる人などと、理由は様々です。

その方の中の多くは、霊感が強くてマイナス波動に敏感すぎ、すぐに心身が不調になってしまい、私のセラピーラボを訪れという人です。

その方々の中には、天使でおなじみのドリーンバーチュー（米国のヒーラー）著『エンジェル・ヒーリング』に出てくる、アースエンジェルやスターピープルではないかと思える方が大勢見受けられます。

アースエンジェルとは、天使たちが人間として生まれてきた人たち（注：正しくは、天使のエネルギー体が人間の肉体にオーバーシャドーしてきている状態）を指し、スターピープルとは、他の天体からエネルギー体が人間にオーバーシャドーないしは、ウォークインしてきた場合の人たちを指します。

アースエンジェルの女性の多くは、まさに「天使顔」といわれる美しい容貌の人たちです。一様に、つぶらで深く澄んだ瞳や卵型の顔形をしています。

共通しているのは幼少期からもっている〝いわれもない不安感や疎外感〟です（インディゴ・チルドレン〈注〉という子供たちの中にも、このアースエンジェルやスターピープルは多いのではないかと思っています）。

この方々は、「人や地球のため何かをしなくては……！」という使命感をずっと持ちつづけていますが、それが何であるか分からず、そのこと自体がストレスとなっています。

しかし同時に、深い洞察力と繊細な感性を持ち合わせています。

前述の性との不具合のように、このアースエンジェルやスターピープルたちも、「魂と肉体との不具合」に悩まされているのです。

その多くはアトピーや摂食障害、鬱や対人恐怖症や不安症などといった症状を訴えています。離婚の繰り返しや自殺といった薄幸な人生を過ごす人も多いようです。

人間より高い波動と繋がってしまっているが、波動の低い肉体自体が高い波動に応じきれずに、その影響を肉体や精神が受けてしまっているゆえの現象なのです。

（注）インディゴの子供たちは、新しくて風変わりな精神的特質を持ち、これまでの子供に見られない、行動パターンを持つ。

◇「魂と肉体の不具合」の解消

前述の性と輪廻の問題を含め、この「魂と肉体の不具合」の解消は、まずは、その事実を認識させることから始めます。

多くの人たちは何らかの自覚と認識があり、「そういえば、男であったらよかったと子供の頃から思っていました……」とか、「小さなころ、眠っていると誰かが耳元で何か囁《ささや》くことがありました……」などと発言します。

皆さん、何となくそのことに気づいていたのでしょうか？

つぎに肉体とその方のハイヤーセルフに、魂の性や他のエネルギー体の存在を受け入れさせます。この場合には、ライトワークのセッションを行ないます。

アースエンジェルやスターピープルの場合には、人を癒したり奉仕したりする仕事に就《つ》くことで自身の生体波動が高まり、備わっている高次のエネルギーに対応できるようになり、次第に症状が改善していきます。

コラム④——偉人たちの〝波動レベル〟は？

病院のような検査機器を持たない波動セラピストである私は、人の〝波動のレベル〟を設定し、セラピーの目安としています。

肉体の波動レベル、精神性の波動レベル、魂の進化レベルなど分類して定めています。また、チャクラの開花度やＫａといわれる人体の基幹となる波動レベルも調べています。

その中で昔、「過去の偉人たちや有名人の〝魂の進化の波動レベル〟はどのくらいかな？」と、興味本位でリーディングしたことがありました。

一番低い人間の魂の進化レベルをゼロとし、天地創造神を100レベルとした、私が勝手に設定した基準値です。

（これはあくまで遊びであって、偉人たちのランク付けをするなどといった大それたものではありませんので、そのつもりでお読みください）

●健康な人間：８～12レベル　　修行僧：15～40レベル
●イチロー：30レベル　　ベイブルース：25レベル
●ケネディ：30レベル　　吉田　茂：19レベル
●モーツアルト：38レベル　　空海：42レベル
●レオナルド・ダヴィンチ：35レベル
●マリア・テレサ：45レベル　　ダライラマ：55レベル
●サイババ：50レベル　　聖母マリア：65レベル
●天照大神：67レベル　　キリスト：80レベル
●仏陀：80レベル
●サナット・クマラ（世界主）：90レベル

【感想メール】5

2005年8月から10月の間に、当時1歳の娘さんのウエスト症候群のセラピーで訪れたKOSUさんからの「感想メッセージ」です。

医者にも見離されて諦めかけていたそうですが、今は順調に成長しているご様子を聞き、大変嬉しく思います。

【感想】KOSU　NO.10115455　　08月26日10時10分

昨日は、親子でお世話になりありがとうございました。まだ2回目だというのに、娘の発達のスピードには目を見張るものがあり、期待以上の経過にとても驚いています。医師から正常な発達はほとんど期待できないと告知され、娘を抱き締めて泣き暮らしていた日々がそんなに昔のことではないのに、遠い日のことのように思われます。何より、生き生きした瞳で笑いながら、お座りをして遊ぶ姿を見られるなんて、本当に幸せです。それから、私と娘の病気には関係（因縁？）がないとわかって、ほっとしました。次男の育て方にも悩みがいろいろありましたが、薦められたインディゴチルドレンの本が、とても参考になっています。これからも少しずつ、いい方向に向いていけるように頑張っていこうと思います。私自身、何かに突き動かされるようにレイキに（増田先生に）出会うことになり、不思議で仕方がありません。これからもどうぞよろしくお願い致します。
＊＊10ptゲット！＊＊

コメントの編集

【お店から】蘭修　　08月26日21時29分

遠くから家族でいらっしゃってご苦労様です。

昨日の娘さんの「バイバイ！」という仕草に、情緒の発達の変化に私も驚いています。それにも増して瞳の輝きがこの前と全然違い……とっても嬉しく思います。

かつてボクの息子が同じ病を患っただけに、他人事とは思えずセラピーを行いました。

幸い私の息子は後遺症もなく正常に育っています。

今度は、私の手で同じ病に苦しむ方々へ、息子への恩返しのつもりで波動療法という新たなる角度から、この難病に取り組んでいるつもりです。

もし娘さんが幸いにも完治したとしても、これは決して奇跡ではないのです。

現代科学では見えない領域の、キチンとした医療があるのだということを認識してください。

この点に関しては、ご主人に理解していただきたいと痛切に思っております。

この領域は、ともすれば摩訶不思議で陰陽師の世界のように見え、とても詐欺師っぽく見えるかも知れません。
きたるべく医療は、波動医学と西洋医学の協和で行われるものと信じて止みません。
次回、娘さんの笑顔を見るのを楽しみに……

第四章——波動と幸福へのしくみ

波動のしくみを理解すること
とは
あなたが幸せになる
第一歩です

①【波動と幸福のしくみ】

◇らんしゅう先生のラボ

「おーい！　カルテ早くしろ！」「あっ、やっぱカルマかぁ。トラウマの影響もあるな……ウム」

　と今日も狭い治療室を裸足で行ったり来たりのらんしゅう先生は、ここバイタルセラピーラボの院長先生。白いものがチラホラ混じったヒゲをたくわえた、一見ちょっとこわもてのセラピスト……。

　らんしゅう先生のラボ（研究所）を訪れるクライアントの大部分は、長年アッチコッチの病院にかかられてきた人や、いろんな民間療法を受けてきたけれども、ヤッパリ改善されないという人たちなのだ。

　いろんなセラピーを試みたけど、「どうせ今度も治んないだろう？　駄目モトでこれが最後！」って感じで、ここは最後の最後にたどりつく治療院なのだ。

すでに治った方の紹介でいらっしゃった方は別にして、初めから不信感の固まりでゴチゴチ……。

人を信じない……、自分が信じられない……といったそんなネガティブな性格が、もともと病を改善できなかった大きな理由でもあるのだが、そんな人たちの、症状が改善され、セラピーを終了しても、行きつけの飲み屋のオヤジさんのところに、「オヤジの顔を見たくなったので、またきたよ！」って感じで、ケーキを焼いてきてくれたり、のん兵衛のらんしゅう先生を知っていて酒を持ってきてくれたり、みんなフレンドリーにハッピーになっていく。だから時々、らんしゅう先生のラボは、不謹慎にも居酒屋と化してしまうのである……。

「おっッ！　すっかり肌がキレイになって！　ホントはすごく艶っぽい人だったんだ？　ヨコちゃんって？」

「ハーイ！　職場の人にもいわれるの、何かこのごろ変わったねって！　それから主人にも……イヤッ！　先生変な目で見てエー、そんなんじゃないってば……。でもね主人が、子供欲しいネっていうから……」と、あんなにひどかったアトピーが治って、肌が見違えるようになり、何かちょっとセクシーな人妻って感じになった洋子さんは、常連さんのクライアント……。

＊＊＊＊＊

……と私のラボでの日々は、まあこんな具合に始まります。

病が改善し、セラピーを終了された方々の多くは、肉体的に症状が改善されるだけでなく、心も改善されていきます。

疎《うと》んでいた人を暖かい目で見られるようになったり、季節の移ろいが素晴らしいものと感じられるようになったり、何よりも嬉しいのは自分が愛《いと》しく思えるようになることです。

そうなることで、仕事や恋愛に対して前向きになれたり、向上心や発想力も増してくるというわけです。

◇幸せって波動が上がること

私のラボでは、レイキやバイタルセラピーなどのセミナーを時々、行なっています。

その修了者やセラピーで完治した人などが毎月一度集まり、復習やエネルギーを交流する場として「ゆば（癒場）研究会」という会を開いているのですが、その人たちが、回を重ね会うごとに波動が高まり、生き生きと、しかも穏やかになっていくのです。

要するに〝いい顔〟になっていくわけです。これはラボという場の高い波動に、集まってくる人たちの波動が共振し、さらに高い波動になり、その高い波動を受けるためだと考えられます。

ある人は、長年つづいた家族とのいさかいに対して、「そんな些細なことは、もうどうでもいい!」と思うようになったとか……、会社を辞《や》めようとまで悩んでいた男性の上司への生理的嫌悪が、「まっいいかっ! そのくらいのこと……」と気にならなくなったとか……、あんなに攻撃的だった兄嫁の態度が嘘のように急変した……など、そんなふうに人間関係や場の空気が変わっていくのです。

熱が下がれば熱を下げるなど、症状を元のニュートラルな状態に戻すのが西洋医学なのですが、私たちがやっている波動医療は、状態を元に戻すだけでなく、セッション前よりさらにいい状態「ウエルネスな状態」にすることが、その目的です。

根源からのセラピーとは、病を改善するだけでなく、人を「幸せな状態」にすることだと私は確信しています。

「病」と「不幸」とは形が違うだけで、その元は同じ要因で起こるのだと思います。

セラピーの一線でクライアントと接していると、強くそう感じます。

「病」は過去あるいは魂との不具合が身体に現われた状態であり、「不幸」はそれが人間関係に現われた現象なのだと思っています。

何らかのネガティブな波動を派生させる人は、他の人の感情をも乱してイライラさせたり、理由もなく近づきたくないという思いを抱かせてしまいます。

悪い霊などが家やお店に憑《つ》くと、そのマイナス波動を家族や従業員がカブってしまい、皆の感情を乱し、争いごとが絶えなかったり、何となくあの店は雰囲気が悪いなどといった、不幸な状況をつくってしまいます。

反対に心身の波動が整い、波動レベルがアップしてくると、回りの人もドンドン寄ってきて、お店が繁盛したり、ボーイフレンドが一度に三人もできてしまうということにもなるわけです。

◇意識が波動を変える

もう一つ大事なことは意識です。

一〇の症状がある人が三つ治ったとします。「あっ、三つも治ったんだから、後の七つもかならず治るぞ！」と思う人は、かならず治ります。反対に「エーッ、三つしか治らないから、後の七つは多分ダメだろう！」と思う人は治りません。

私は初診のクライアントに、腕を使っての、ある筋反射テスト（注1）をかならずやります。

どんなテストかというと、「この先生ならかならず治る」と思ってもらい、腕の筋反射を見ます。それから「やっぱりここでも治らないんじゃないかな?」と思ってもらい、腕を押します。前者では腕は下がらずビクともしませんが、後者では腕はフワーっと下がってしまいます。

これは、意識が波動の流れを変化させるからです。ネガティブな意識はマイナス波動を生み、波動の流れをブロックさせてしまいますが、ポジティブな意識は波動の流れを止めません。

前にもいいましたように、マイナス波動は心身に何らかの不調を生じさせます。マイナス波動を起こさせないポジティブな意識こそ、健康や幸せの秘訣なのです。まさに「病は気から……」なのです。

バイタルセラピーとは、そういったネガティブな波動を根こそぎ取り除き、心身をポジティブな波動に高めてやり、病の解消だけでなく、人々を〝幸せな状態に導くしくみ〟の実践なのです。

（注1）筋反射テストとは腕や指の筋肉の神経反射を診ることにより、身体や心理状態などを検査する方法。

◇究極のセラピー「守護天使の癒し」

セラピーの究極は、「心つまり魂」の解放に行き着くと思います。

肉体的な病腺（注2）、ストレスやトラウマ、そして邪気といったネガティブな波動を解放するのは、非常に意味のあることです。しかし、それだけでは人々を病や禍から救うことは望めません。

崇高な宗教や信仰での救いというレベルでなく、町の治療院という世俗的な次元で何とか〝魂の救い〟ができないか……？

そんな素朴な発想が、「魂レベルの究極のセラピー」という無謀な研究への想いを駆り立ててきました。

私のラボを訪れるクライアントの多くは、肉体や精神面といった表に現われた症状の奥で、夫婦関係や親子関係といった家族の問題、恋愛や不倫といった男女の問題、勤め先の上司や同僚とのトラブルなどといった、多くの問題を抱えています。

そういった人間関係の問題の多くは、幼児期や過去世といった過去が刻んでいった〝ネガティブな波動〟に起因します。

そんな心の深みについてしまったキズは、かなり高度なレベルのセラピーでも解消できません。もっと深いレベルのセラピー……〝魂レベルのセラピー〟が必要なのです。

過去世における魂のキズ＝カルマ……、真の心＝ハイヤーセルフ……。魂レベルの浄化こそ、根源からのセラピーであると思います。

まだ思考錯誤の段階ですが、「光に抱かれる癒《いや》し」「守護天使に抱かれる癒し」といったライトワークが、根源からのセラピーに一歩近づきつつあると実感しています。

（注2）病腺とは、身体や意識の発するマイナスエネルギーの発信箇所。

◇天使の贈り物

「守護天使に抱かれる癒し」というライトワークの中では、四葉のクローバーを見つけて持ち帰ってきたり、ピンクのバラを手にしたり、そんな嬉しいラッキーアイテムをもらうことがあります。

その方たちはその後、それぞれ赤ちゃんができたり……、新しい恋が生まれた……と、とってもハッピーな出来事が起こっています。

何度もいっているように、私は自分のバイタルセラピーの目標を、単に病を癒すだけでなく〝幸せな状態にするセラピー〟と宣言しているのですが、その効果がこのところ出てきたような気がします。

私のラボを訪れる方の多くは、肉体的な愁訴はもちろんですが、その奥に家族や恋愛といった人間関係に困難な問題を抱えた方です。そういった方は大概、魂レベルの傷を負っていることが多いのです。

そんな方たちに、この〝天使の癒し〟はとっても効果的です。

幼児期の心の傷（トラウマ）や魂の傷（カルマ）が完全に解放され癒さると、その方の守護天使はご褒美に〝幸せの予告〟をプレゼントしてくれます。

それらは「四葉のクローバー」や「ピンクのバラ」、「星クズ」や「若葉」、ときには「清らかな水」や「ピンクの石」などといったシンボリックなラッキーアイテムとして現われます。

それをライトワークの中のビジョンとしてとらえ、ハートチャクラにしまい持ち帰るのです。

さて、あなたへの〝天使の贈り物〟は何でしょうか？

【感想メール】6

2006年1月から、現在もお腹の赤ちゃんのために通われています。会社のストレスのセラピーで、訪れたえりちゃんからの「感想メッセージ」です。

幸せいっぱいのお顔を拝見すると、こちらが逆にパワーをもらうようです。素敵なママになりそうですね。楽しみです！

【感想】えりちゃん　NO.10130578　04月02日22時48分

増田先生、こんにちは。

実は、今日は嬉しいご報告があってメールをお送りしています。先週末、産婦人科に行きまして、(念願だった）妊娠をしていることが判明しました。現在、妊娠3ヶ月だそうです。

私がこちらのセラピーに通い始めたのが3ヶ月ちょっと前ですから、本当に、そちらに通い始めてから妊娠することが出来たのです。

3ヶ月前、元々は仕事上のストレスを相談にそちらに伺いはじめたのですが、カウンセリングの途中で、先生から「あなた、子供は（いらないの?)」と聞かれ、「子供は欲しいと思っているんですが、以前、別のセラピーで、仕事にエネルギーを注ぎすぎていることと、元来男性性のエネルギーが非常に強い体質なので、とても妊娠しずらい状態になっている、と指摘されたことがあります。」というお話をしたら、先生から「そうね。じゃあ、それにも取り組んでみましょうか?」いうコメントが。それから、前世療法やセラピーが始まったのですが、回を追うごとに、体の不調が驚くほど改善されて、それにつれて自分の気持ちもどんどん安定し、いろいろなストレスから完全に開放された矢先の妊娠でした。先生、本当にありがとうございます。

そういえば、3回目のセラピーの時に、ライトワークの中で、かわいい赤ちゃんが四つ葉のクローバーを持って私の所にやってくるビジョンが見えました。(先生、覚えていますか?）そのビジョンは、きっと、この妊娠のことを告げるものだったのですね。四つ葉のクローバーを持っていたから、きっと、おなかの中にいる赤ちゃんは、私と主人に幸運を運んで来てくれる赤ちゃんなのだと思います。

それから、先生、もう1つご報告があります。あまりにセラピーの効果がすごいので、途中ですっかり仕事上の悩みを忘れていたのですが、昨日、仕事でこんなことがありました。

(同じ会社で働いている）主人と2人、何故か偶然にも副社長から食事に誘われ、直接彼といろいろなことを話す機会があったのですが、その際、副社長から「君の部署が、能力の低い上司が原因で機能していないことはよく分かっている。だから、あまり遠くない将来、組織変更をすることにしたから心配しない欲しい。」と言われました。確かに、その上司が私の仕事上のストレスの一番の原因だったのですが、(こちらからは何も言わなかったのに）副社長からいきなりそんな話を切り出してきたので、正直とてもびっくりしました。それから、続けて彼は、「君の上司が、君の仕事上のストレスになっていることもよく理解出来るよ。今後は、僕がちゃんと君をサポートするから、君は彼との無用な揉め事に絶対に巻き込まれるなよ。」と言ってくれたのです。先生、これもセラピーの効果？なんですかね？？

ちなみに、同席していた主人は主人で、その副社長から「君には本当に期待しているから、これからもがんばって（会社を）支えて欲しい。」と言われ（彼は大きなプロジェクトを１つ終えたばかりでした。）、「なんか、今までの苦労が報われた気がした。」ととても感慨深げでした。

食事の後、「おなかの中の赤ちゃんが、本当に私達に幸運を届けにきているのかもしれない。」と思いながら、主人と２人で家に帰りました……。

先生のセラピーは、本当に「幸せ」を運ぶセラピーですね。こんなにいろいろな変化が次々に起きるなんて、セラピーを受ける前は想像も出来ませんでした。でも今は、毎日が楽しくてとっても幸せです。また次回、先生にお会い出来るのをとても楽しみにしています。
＊＊10ptゲット！＊＊コメントの編集【お店から】　★
＊＊10ptゲット！＊＊

コメントの編集

【お店から】蘭修　04月05日02時44分

四葉のクローバーの効果が、こんなハッピーなカタチで現われるなんて、やっぱり四葉のクローバーって幸せを運ぶ象徴なんですね……

先日、妊娠３ヶ月のエコーの画像を拝見して感動しました。

まるで自分がつくった赤ちゃんを見るようで、とってもハッピーな気持ちになれました。

これから数ヶ月、赤ちゃんの成長のケアもさせていただけるという事ですので、我が子のように（いや我が孫かな？）いつくしんでケアをさせていただきます。

それから、お仕事の方の関係も順調な方向に向っていると聞いて、「幸せをつくるセラピー」という、ボクのセラピーのコンセプトを絵に描いたような結果に、驚きと喜びを噛み締めています。

２月28日の yukazo さんの赤ちゃん誕生の「感想」に引き続いての嬉しい「感想」に、この仕事をやっていて良かった……とホントに思います。

〝ハッピー〟をありがとうございました。

【感想メール】７

2006年05月10日。Ka-naさんはどうしようもない不安感を抱えてラボを訪れました。守護天使のライトワークで大きな愛を得て、とても幸せな日々をお過ごしです。

【感想】ka-na　NO.10147805　05月13日06時16分

増田先生、久末先生　こんにちは。


先日はありがとうございました。

セラピーの度に楽になり、気持ちにもハリと穏やかさが出てきました。

家もくつろげるようになりました。

そして、まだ守護天使さんがそばにいてくれるような深い喜びを感じることがあります。アトランティスの方がくれた水晶のような宝石も第４チャクラのあたりでキラキラしているような感じもします。

私はレイキセミナーからお世話になり、今回念願のセラピーをうけることができました。セミナーに参加する中で、先生方の温かい人柄とセラピーの確かさ（重い症状の患者さんが多いことでもわかります）を目の当たりにし、実は私も受けたいと話していたところ、レイキで一緒にお世話になっている主人が先生に電話で相談してくれて実現しました。リーディングでは疫神、人霊、動物霊、トラウマ、カルマ、ＳＰ、いろいろ出ました。でも他の重い症状の患者さんと比べたら私は幸いにも軽い方ですね。

どこから書いたらいいか。

うまく書けそうにありませんので、感じたままを書きたいと思います。

トラウマとカルマの解除のセラピーの時、まず、自分が感じるイメージや映像を受け入れることに集中しようと思いました。思考で打ち消さないように。でも久末先生の誘導に任せているだけでどんどん進みました。

一番強く印象に残っているのは守護天使がそばにきてくれたときです。

社会や自分が評価する私ではなく、そんなものを超えたところで私の魂に寄り添ってくれているんだと感じ、心の深いところで安堵と感謝の気持ちがあふれました。光に包まれるようでした。そして黒いものが光に溶かされ浄化されていく感じ。私にも実感できた、ああこういうことなんだと思いました。

ハイヤーセルフや守護天使やいろいろな存在が、私には想像もつかない大きな愛で見守りつづけてくれていることにやっと気づけたような気がします。

こんな素晴らしい体験をしてもまだ邪気や霊障は怖いです。また憑くかもしれないし。でも振り返ってみると、自分の中にも同じくらいダークで怖い部分があることも実感できます。もしかしたら立場と場所が変われば自分も何か別の存在にとって邪気かもしれないなんて思います。だって未熟だし人を悪く思ったり、妬んだりしてしまうじゃないですか。そんな自分の低いエネルギーが邪気や霊障を呼び込んでいるのかもしれません。でもあの黒いものを浄化してくれた光を忘れなければ、それらに捕われて同じように苦しめられることはないのかもしれません。そう思うと不安が薄れて気持ちをしっかり持てます。

光とダークなものが両方あっても、光を見失わなければきっと大丈夫。もし見失っても思い出せばいい。ハイヤーセルフや天使はそんなときでもセラピーのときと同じように光で包もうとしてくれているのではないでしょうか。昨日と変わらず「ここにいるよ」って。そう感じました。

バイタルセラピーは、「魂のセラピー」なんですね。

魂が救われれば、現実の生活も変わります。おいしいものをおいしく食べて、笑って、泣いて、喜んで、愛して。あと一歩が踏み出せる。そして相変わらずいろいろあってもきっと前とは違う。

バイタルセラピーを訪れた人の光が周囲にも広がってほしいと思います。

トラウマやカルマが解消して邪気がとれて楽になってよかった、だけで終わらず、大事にしていかなきゃと思います。

私もその一人として、出し惜しみせず光を放って行きたいと思います。

これが私なりの感想です。

増田先生、久末先生、バイタルセラピーラボに感謝をこめて☆
＊＊10ptゲット！＊＊

コメントの編集

【お店から】蘭修＆久末 **05月15日14時54分**

感動的な「感想」をお寄せいただき、ありがとうございます。

ka-na さんの文章を読みますと、レイキセミナーを受けて間もないのに既にいちクライアントではなくヒーラーの言葉なんでね……

特に次の文章が、です。

「魂が救われれば、現実の生活も変わります。おいしいものをおいしく食べて、笑って、泣いて、喜んで、愛して。あと一歩が踏み出せる。そして相変わらずいろいろあってもきっと前とは違う。

バイタルセラピーを訪れた人の光が周囲にも広がってほしいと思います。

トラウマやカルマが解消して邪気がとれて楽になってよかった、だけで終わらず、大事にしていかなきゃと思います。

私もその一人として、出し惜しみせず光を放って行きたいと思います。」

この文章は、私たちのセラピーのコンセプトを本当によく理解していただいていると感じます。

ご縁がありましたら今後は、セラピーを受ける立場から、セラピーを行う立場の人になっていただきたいと思います。

ka-na さんの守護天使が、きっとサポートしてくださいます。

②【誰でもヒーラーになれるレイキ】

◇私は現代の陰陽師

「雨月物語」などで語られた怨霊や悪霊といったおぞましい事柄は、何も映画やアニメーションの中のことだけでなく、じつは現代の生活の中でも日常レベルで起きているという事実を知っていますか?

人間や動物の霊あるいは、ゲゲゲの鬼太郎に出てくるような幻想動物や精霊たちによってもたらされる不可解な病や現象……、輪廻やカルマによって生じるミステリアスな過去世の物語の数々……まさにそれは「事実は小説より奇なり」なのです。

セラピストとしての私の日々は、そういった魑魅魍魎《ちみもうりょう》と闘ったり……、カルマという遠い過去世の旅にタイムトラベルしたり……、ラボでの私の日々は、まさにエクソシストであったり、現代の陰陽師《おんみょうじ》であったりするのです。

でも、現在は少なからず超能力者のこの私は、スプーン曲げ少年でもなかったし、霊感少年でもなかったのです。

むしろそういった話には、懐疑的な気持ちすら持っていました。

人は本来、誰もが癒しの能力を持っています。本当は誰もが気の力でスプーンを曲げる能力も持っているのです。

科学の発達以前の人間は妖精や精霊と話したり、たぶん他者との魂と交流する術も知っていたのだろうと思います。

そういったサイキックな能力は、文明や科学の進歩とともに否定され、人々はそういった力のあることを忘れ去ってしまいました。

「人は皆、癒しのチカラを持っています……。でもそのことを忘れてしまっているのです。気づきのボタンを誰かがそっと押してあげる……。すると、たちまちに誰もがチョットだけ超能力者《ヒーラー》になれるのです」

私が現代の陰陽師みたいになれたのは、まさにそんな感じで出会った「レイキ」だったのです。

◇レイキの導き

大正年間に臼井甕男《みかお》先生によって始められたレイキは、霊授（アチューンメント）という方法で、まったく修行を必要としないで、誰もが霊気という〝気・宇宙エネルギー〟を得られるという画期的なエネルギーワークです。

レイキは、前述の霊授（アチューンメント）という方法により、宇宙からレイキという高い宇宙エネルギーを受け入れる回路を開きます。

そして、シンボル（形の持つエネルギー）とマントラ（言葉の持つエネルギー＝言霊《ことだま》）を用いることで、容易にエネルギー（気）を操作できるようにさせてくれます。つまり、誰でも容易にヒーラーになれるのです。

気功の訓練や密教の荒行のような、難しくキツイ修業もないせいか、現在では世界で、その愛好者が三〇〇万人とも五〇〇万人ともいわれるように普及しています。

レイキは肉体を癒すだけでなく、ストレス（顕在意識のエネルギーブロック）やトラウマ（潜在意識のエネルギーブロック）をはじめ、訓練次第ではカルマ（過去世のエネルギーブロック）までも解放してくれます。

また、遠隔療法により離れたところにいる人や動物をもヒーリングできます。食品の味を変えたり、物や部屋のマイナス波動を浄化してくれたりもします。

レイキのその最たる特徴は、ユタなどの霊能者が多くの修練の結果なしえた交霊術に相当する技法を、マスターシンボルの伝授という形だけでやってしまうことです。

つまり、高次元の存在（キリストや仏陀など）のエネルギーとつながったり、天使という高波動にリンクし、そのエネルギーをヒーリングに用いたりすることができるのです。

そのころ、カイロプラクティックなどの筋骨格の整体法から、エネルギー操作術に移行しようと模索して気功を習っていました。正直いって、気功の訓練は大変キツく辟易《へきえき》していました。そんな私にとってこのようなレイキは、まさに天の恵みでした。

病腺（マイナス波動を発する体の異常部位）を、〝ヒビキ〟という気感として手の平でキャッチし、症状を改善していくという、レイキの基幹をなす「病腺霊感法」を知ることで、波動操作の真の意味が理解できたのでした。

そんなわけでレイキは、バイタルセラピーというエネルギー療法の基幹になっているばかりか、前世療法やヒプノセラピーという分野においてもレイキの〝ヒビキ〟の概念は活《い》かされているのです（注：レイキと私の主唱しているバイタルセラピーとは同一ではありません）。

ただ残念なことは、海外式レイキとして日本に還ってきたレイキには、この〝ヒビキ〟という概念や病腺霊感法という技法は消えてしまい、単なるリラクゼーション的ヒーリング法として普及してしまったことです。

近ごろではアロマテラピーなどでもレイキは併用されると聞き、レイキの普及という観点では喜ばしいことだと思います。

しかし、レイキの本来的な役割は病気治療であると思うのですが、そういった力が過小評価されている嫌いがあります。

レイキは、もっとすごい実力を秘めているのです。

ただ残念なことに、ティーチャーやマスターといわれるレイキを指導する立場の方の中には、そういったレイキの力を知らないで、伝授や自己のヒーリングだけがレイキの教えだと思っていらっしゃる方も多いようです。

レイキの目的は、肉体や精神の解放だけでなく、チャクラを開花させ、宇宙エネルギーと共振し、宇宙と一体となり、光のエネルギーを自己や他者のために放つようになることです。

レイキの最終目標は、つまるところ魂の進化(光に満ちた最高の状態=エンライトメント)なのだと思っております(これはレイキだけでなく、エネルギーワーク全体についていえることではありますが)。

しかし、そうなるためには悩み苦しみながらも他者を癒し、奉仕して、自己を確立していくことで初めて到達できる境地なのです。

これは何もエネルギーワーカーだけに限らず、アスリートや武蔵などの武芸者が苦闘の末、なしえた境地と同じだと思います。

レイキは、入り口はとても易しいのですが、出口はなかなか厳しいものであることを知っておいてください。

◇レイキを学ぶ人のために

つぎに、これからレイキを学ぶ方のために、簡単に臼井レイキのカリキュラムを記しておきます（注：「現代霊気法」や、私の指導している「治すための実践レイキ」を参考にしています）。

ファースト・レベル

(1)アチューンメントで身体のエネルギー回路を開き、宇宙のレイキエネルギーと繋がるようにする
(2)レイキの基本的知識や歴史の学習
(3)一二ハンドポジションを使っての自己および他者ヒーリング法の習得
(4)自己浄化法（瞑想法）の学習

セカンド・レベル

(1)ヒビキの理解と病腺霊感法を習得
(2)シンボルやマントラの伝授
(3)第一シンボルやマントラを使っての、物や肉体のヒーリング法を習得

(4)第二シンボルやマントラを使っての、感情やチャクラのヒーリング法を習得
(5)第三シンボルやマントラを使っての、遠隔ヒーリング法を習得

サード・レベル

(1)マスターシンボルとマントラの伝授
(2)マスターシンボルを使って、高次元のエネルギーと繋がる瞑想法やヒーリング法を習得
(3)発霊法や瞑想法を学習
(4)各種伝統靈氣法の習得

マスター・レベル

(1)マスター・アチューンメントを行なう
(2)各種アチューメント法を習得
(3)レイキマスターの心得と指導法を学習
(4)ライトワークを学習

コラム⑤——レイキとは？

レイキ（靈氣療法）は、臼井甕男《みかお》（1865年～1926年）によって始められた手のひら療法です。京都の鞍馬山で21日間の断食と瞑想を行ない、「宇宙即我」の悟りを得られレイキを会得したといわれます。

臼井霊気療法教義の公開伝授説明の中には、「断食中に大気に触れて不可思議に霊感し、治病の霊能を得たのを偶然、自覚したのでありますから……」と書いてあります。臼井先生は大正11年、東京の青山原宿に「臼井霊気療法学会」を設立され、関東大震災のときには多くの人を救療したと聞きます。

臼井先生の死後、江口俊博《しゅんぱく》の「手の平療治」、冨田魁二《かいじ》の「冨田流手当て療法」、林忠次郎の「林式霊気療法」など、いくつかの団体が生まれました。林忠次郎は、予備役の海軍大佐で、後に東京の信濃町で「ハヤシ・クリニック」を開設し、治療とレイキの普及に努めました。

ハワイから病気の治療のために来日したハワヨ・タカタは、レイキに感銘を受け、林忠次郎の元でレイキを学ぶことにしました。

ハワヨ・タカタは、孫娘にあたるフィリス・レイ・フルモトやバーバラ・ウェーバー・レイなど22人のレイキマスターを育成し、アメリカを中心にレイキを世界に広めていきました。

日本では、1986年頃から「ラディアンス・テクニック」の三井三重子氏やドイツ人のフランク・ペッター氏により、レイキは海外式レイキという形で日本に里帰りしました。

レイキ研究家である土居裕先生は、戦後消滅してしまったといわれていた臼井先生直系の「伝統靈氣法」の存在を知り、伝統靈氣学会6代目小山君子氏に師事、その存在を著書である「癒しの現代霊気法」で発表しました。海外式レイキではなくなってしまった「病腺霊感法」というレイキの原点ともいえる手法を復活させました。

レイキには、臼井甕男《みかお》先生の興した「臼井レイキ」の他にアメリカのウイリアム・ランド氏が始めたスピリチュアル要素の強い「Karuna Reiki」、パトリック・ジーグラー氏がエジプトのピラミッドの中で瞑想をしているときに感得したといわれる「Seichim Reiki」などがあります。

③【ライトワーカーへの道】

◇エネルギーワークという仕事

レイキや気功、タッチフォーヘルスやクウォンタムタッチ、エンジェルヒーリングやヒーリングプラクティスなどといった、波動(気)を操作するヒーリングやセラピーのことを、ひっくるめてエネルギーワークといいます。

このエネルギーワークという分野の中には、イタコやシャーマンの心霊術のように大変オカルティックなジャンルから、瞑想やメンタリズムの強いスピリチュアル系のもの、宗教性の強い分野、一部の医師が行なっているバイブレーショナル・メディスン(波動医学)という分野まで、じつに幅広いジャンルが含まれています。

西洋医学が興隆するまでは、東洋医学も含め民間療法や伝統医療が医業の主流を占めていました。シャーマンなどに見られるように彼らは、病気治療だけでなく政治や宗教、占いや人生相談や指導といった、生活の隅々に影響を及ぼしていました。

医業が医師だけの専有のものとなったのは、そんなに古いことではないのです。

日本でも明治五年に医師法が施行されてからも、伝統医療やシャーマンたちは、人々の暮らしのあらゆる方面にわたって、その後も影響をあたえていました。

私の大好きな中江裕司監督の映画「ナビィの恋」も、そういったことが原因で起きた悲恋ドラマです。粟国島という小さな島の暮らしのすべてを牛耳るユタ、そのユタが一九歳のナビィの恋を裂き、恋人を村から追放してしまったのが、この悲しくも痛快な映画の始まりです。この映画で流れた「十九の春」という沖縄の島唄は、私の琴線をたまらなくクスグってしまいます……。

この映画のことを語ると、この章のすべてのページを費やすことになってしまいそうなので止めますが、この映画のユタという方々も、要するにエネルギーを操《あやつ》る人なのです。

映画で思い出しましたが、「陰陽師」であった安部晴明も、まさにその頃の有名なエネルギーワーカーなんですね（前項で〝私は現代の陰陽師〟などとおどけて書きましたが……）。

こんなエネルギーワーカーたちは、物質至上主義の近代科学の発展とともに、歴史の陰に追いやられてしまいました。

陰陽師やネイティブなシャーマンたちは、当時のエネルギーワーカーであって、現在のレイキヒーラーやスピリチュアルなヒーリングをする人たちと同じだなどというと、「エッ嘘！」と思うかもしれませんが、まあ、この先を読んでください。

私はエネルギーワーカーの概念を、つぎのように考えています。

(1)レイキとか気功など、宇宙エネルギーや生体エネルギー（波動＝気）を自由に操作できる人。
(2)自分や他人や物の波動の動きや違いを敏感に読み取れる気感の優れた人（注：視覚で感じられることを「霊視」、聴覚で感じられることを「霊聴」、身体で感じられることを「霊感」、知覚で感じられることを「霊知」という）。
(3)地理的な場や時空の場を越えて、エネルギーを操作交信できる人。
(4)次元を超えてエネルギーを操作交信できる人。

◇ライトワーカーへの道

前述のエネルギーワーカーに対して、ライトワーカーとはどういう概念かというと、
(1)基本的にエネルギーワークの能力を持っている人。
(2)全チャクラが開花していて、Ｋａ（注：人体の中心を通る気の流れる管）が太く、ハイヤーセルフやさまざまな次元の高次のエネルギー体やスターピープルのエネルギー体と繋がり、その恩恵に供される人。
(3)さらなる高い波動体とのチャネリングが可能な人。
(4)自己の意識をコントロールでき、アカシックレコードにつながることが可能な人。

ライトワーカーとはつまり、魂レベルの進化が進んだ人で、宇宙エネルギーを肉体レベルで光として放つことができる最終段階のエネルギーワーカーを指すのだと思っています。キリストや仏陀は、まさに真のライトワーカーだったのでしょう。中国の「仙人」やキリスト教の「聖人」、仏教でいう「上人」などは、ライトワーカーの呼称なのだと解釈しています。

そんな段階までいかない天上の存在でなくとも、たとえばレオナルド・ダ・ヴィンチやモーツアルトなんて天才たちも、多分そうだったように思えます。

仏教では、「如来」は悟りを開いて解脱《げだつ》したお方（釈迦如来やマイトレーヤーといわれる方々）で、「菩薩」はまだ悟りレベルまで達してはいないが衆生を導く方（弥勒菩薩など）のことを指す、と二〇〇五年に奈良の東大寺に参拝したとき、寺のガイドの方がいっておられました。

「如来」は別として「それこそ菩薩のような方……」という人は、私たちの周《まわ》りにもいらっしゃるかと思います。

ライトワーカーはその名のとおり、〝光を放ち人々を導く人〟なのです。

インドの聖人のように徳が高く人々に敬《うやま》われて、周囲の注目を集めている存在の方もいますが、自分はもちろん他の人も、そのことに気づいていない段階の方も大勢います。生まれついてのライトワーカーもいれば、後天的に修行や学習の結果そうなった方もいらっしゃいます。

いずれの人も、自分が人のために何かをなすべきであると漠然と知っていたり、何らかの啓示を受けたことがある人たちです。この本の読者の中にも、思い当たる方がきっといるはずだと思います。

私がライトワーカーであるかは、正直いって誰かが「そうだ!」といってくれるしか証明できませんが、もしそうだとすると、私の場合は後天的なライトワーカーなんだと思っています。霊感など微塵もなかった私が、セラピストとしてやらなくてはと、何かに押されるようにきてしまったのですから……。

カイロプラクターとして癒しの道を踏み出した私の場合、もうひたすら人をセラピーすることを夢中でやってきたら、いつの間にかいろんなエネルギー体と繋がり始めました。

まず最初に繋がったのは、大天使といわれるガブリエルでした。ある夏の夜、飼っているゴールデンレトリバーのパーシーが夜中にやたら吠えるので目を覚ましました。見知らぬ人がマンションの玄関ドアの外を通ると、よく吠えることがあるので、またかと思い、たしなめて床につきました。しばらくしてまた、激しく吠えるパーシーに起こされました。

パーシーのところにいってみると、玄関の窓のところの空間に向かって吠えているのです。変だなあと思っていたら、突然、何か得体《えたい》の知れない存在をその場に感じました。オーリングでリーディングすると、今までに感じたことのないレベルの波動なのです。

なぜかそのとき、「あっ、ガブリエルだ！　ガブリエルさまと繋がったんだ！」と直感的に思ったのです。そのとき、汗をびっしょりとかいているのに気がつき、シャワーを浴びようとすると、何と私の胸には、一対の鳥の羽のような形が赤く痣《あざ》のように浮かび上がっていたのです。

その日を境に、私の体には多くの守護天使やスターピープルが頻繁にやってきては繋がっていくのです。そしてメニエールのような眩暈《めまい》と飛行機に乗った後のような突発性の難聴と偏頭痛に悩まされる日々が始まったのです。そんな状態が三ヶ月くらいつづくと、今度は、肩だの腕だの膝などの体のアチコチが痛み出してきたのです。

そのころになってようやく、これは私の体の波動が上昇していく変革期なのだ、そして、これは修練のプロセスなのだと気づいたのです。

翌年の春を迎えるころ、もっと大きな試練がやってきました。一日の仕事を終えて、サロンの裏の駐車場に止めていた車に向かおうとしていたときのことです。突然、右ひざにガーンと激痛が走り、その場から動けなくなってしまったのです。

その日は助手のスタッフに家まで送ってもらって、やっとのこと帰宅しました。家に帰って調べると、今までに経験したこともないような強大なマイナス波動が右ひざに入っていました。

そのときは、スタッフや知りあいの透視ヒーラーの助けで何とか浄化しましたが、その後数回、その強大なマイナス波動は私をたびたび攻撃し、苦しめました。これはさらなる試練なのだと、浄化と攻撃の繰り返しの中で、右ひざを引きずりながら仕事をつづけていました。

秋になるころ、ようやく強大なマイナス波動の攻撃も止み、平安な日々が訪れました。

その頃を境に、天使やスターピープルよりもさらなる高い波動体とつぎつぎと繋がっていき、〝ハイヤーセルフに抱かれる癒し〟や天使が存在するといわれる界層に繋がっての〝光に抱かれる癒し〟など、魂レベルの解放セラピーへと導かれていったのです。

そして現在、クライアントの中で発見した数人のメッセンジャーを通しての〝さらなる高い波動体へのチャネリング〟にも導かれました。

聖書では、人はみな神の子といわれています。「神癒の原理」の著者、M・マクドナルド・ベインによりますと〝I AM〟とは〝私は神である〟という意味だといいます。

この現世で修行し、輪廻を繰り返し、人は神に近づいていくのでしょう。光を放つことは、魂の進化の過程で誰にでもあるべき姿なのです。

コラム⑥——クンダリーニの覚醒

眠っている霊的エネルギーが目覚め、心や魂にさまざまな変容をあたえる状態が、ヒンドゥーにおける「クンダリーニの覚醒《かくせい》」といいます。

前述の私に起こった出来事の数々はもしかしたら、「クンダリーニの覚醒」の兆候なのかも知れません。

クンダリーニが目覚めると、その霊的エネルギーは中枢神経のスシュムナ管を通って脳にたどり着きます。

すると、眠っていたチャクラなどが花のように咲き始め、脳が覚醒し始め、爆発が起こります。

クンダリーニの目覚めは、生命に変革と超越性を生じさせます。

つまり、神を始めとする高次元の存在を見通す能力や未来意識が芽生え、創造的な知性が高まります。

クンダリーニは、創造力や自己表現のエネルギーです。詩や絵画や音楽、著述などに抜きん出た能力もたらします。

そして、カルマの統合化が起こり始め、身体の中の細胞は完全に満たされ、若返っていくといいます。声や体臭、そしてホルモンの分泌も変わっていきます。

そうやって、肉体や精神、感情や霊性の進化が加速していきます。

目覚めた最初の兆候としては、身体のあちこちが激しく揺さぶられたり、酔ったように脳が熱く重くなったり、今までに経験したこともないような兆候を感じます。

一方で、クンダリーニの覚醒によるチャクラの開花は、心身に様々な症状をあたえ、ときに危機ともいえる状況も起こりうるということを認識してください。

だから、この本を読んでいるあなたもいつの日か、きっとライトワーカーになれるのです。

①【幸せになった人々のセラピー感想】

◇過食とX脚が治ってキレイになった！

「先生、ケーキつくってきたのでみんなで食べませんか？　早く起きて、私が焼いたんですよ」といって、直径二五センチもあるシフォンケーキとパウンドケーキを見せる。

この春に過食症と、おまけにX脚も完治できたクライアントの市川舞華が、毎月のヘルスケアのためにやってきたのである。スラッと長く伸びたジーンズの足を闊歩《かっぽ》させてである。

「ありがとう。何か嬉しいことでもあったの？」

「分かります先生？　先生に浄化していただいたこのローズクォーツのお陰なんです！」といって、舞華はハート型の小振りのローズクォーツを、さも大事そうに袋から取り出す。

これは彼女のセラピーが終了したときのお祝いにと、大天使ラファエルと愛の女神の波動を注入したローズクォーツである。

「病気は治ったし、脚はまっすぐになったけどぉ〜、それはそれで先生に感謝してるけどぉレートしてくる。

〜、私、彼氏いないから……。それ先生、何とかしてくれません……？」と、要求がエスカ

「大丈夫だよ。スタイルも良くなったし、顔もすごくキレイになったし。そのうち男もジャンジャン寄ってくるよ、舞華ちゃんだったら……でもダメ押しでこのローズクォーツ持ってたら？」といって私は、一番印象的だった小振りのハート型のクォーツを直感で選び、彼女に手渡したのは一ヶ月前のことだった。

「先生、このクォーツのお陰でボーイフレンドができたんです。それも二人もですよぉ……！」と得意気に、小さな黒目がちな瞳を思い切りまん丸にしてたたみ込む。

「以前通っていた英会話のティーチャーだったロブという友達に、花見に誘われたの。前から彼のこと気になってたから、『エッ、何で今さら……』って思ったけど、もちろんいくことにしたの。そしたら、花見にはもう一人のティーチャーだったミッチェルもきたんです。わぁ〜最高、ミッチェルまできてたんだ、嬉し〜って、その後ロブに誘われて、それから二日後にミッチェルにも誘われて……。結局、二人ともデートしちゃった……エヘヘヘ」

舞華の饒舌《じょうぜつ》は止まらない……。

「先生、どっちの人がいいと思います？　リーディングしてみて？」といって、オーリングを指でつくる仕草をする。また要求度が増してきた。

「ン……待って……ロブって人があなたのことを想っているかは分からないけど、ロブの方があなたと波動が合うみたいだよ」と私は正直に話す。

後日談だが、私のリーディングは結局はずれ、舞華はミッチェルとロマンティックな関係になったそうである。

*****

以下、このクライアントを例に臨床データで解説をしたいと思います。

*クライアント名　市川舞華（千葉県在住　27歳　OL）

*初診　二〇〇五年一月二七日

◇症状　「摂食障害」。高校生の時、同級生からいわれた「……したら太るよ！」との言葉にショックを受け、急激なダイエットから拒食症になってしまい、その後、過食症に移行。実家がピーナッツを栽培している関係で、このクライアント周りには常にピーナッツがあり、食べたらとまらなくなってしまうという。その結果として肥満体となってしまう。他の愁訴としては、「X脚」と「肩こり」。

*リーディング結果

・ストレス①　父親からの結婚へのプッレシャー

・ストレス②　肥満への恐怖感

・PTSD①　八歳の冬、母がホットケーキをつくろうとしたが、あいにくバターを切らしてしまっていたので、近所に住んでいた叔母のところにバターを借りにいかされたという。その折、叔母から「お前のとこはバターも買えないのかい?」との嫌味の言葉を投げかけられ、その言葉がバターへの嫌悪感となって、彼女のトラウマとなってしまう。

・PTSD②　小学校四年生のころ、雨の日に、道を尋ねる振りをして車で近づいてきた男に、下着の中に手を入れられ、性器を触られるという事件があったという。そのときのショックが彼女の心に刻み込まれてしまう。

・カルマ①　三過去世・三四〇年前、日本の関東地方での出来事。この過去世では男性だったクライアントは、相手の男を虐待のすえ、食物をあたえず餓死させてしまったという事件。

・カルマ②　五過去世・八三〇年前、ヨーロッパ・オランダでの出来事。この過去世でも男性だったクライアントは、相手の男と争って刀で肩甲骨の辺りを切りつけて殺してしまったという事件。

・動物霊　肩、肩甲骨周辺。

＊セラピーの方針
ＰＴＳＤ①②及びカルマ①②のライトワークによる解放→摂食障害の改善
ストレス①の解放及び動物霊の浄霊→肩及び肩甲骨周辺の痛み解消
ストレス②の解放→仙腸関節の変異及びＸ脚の改善

＊三月一六日　三～五回目のセラピー後の経過
「先生！　先生！　私の脚を見てください！」ラボに入ってくるなり、嬉しそうな満面の笑顔で話しかけてくる舞華……。

彼女の脚を見ると、どうだろうＸ字に屈曲していた脚が見事に真っ直ぐになっているではないか……！

「お姉ちゃん、最近背が伸びたんじゃない？　って妹にいわれちゃったの！」

ンッ！　脚が真っ直ぐになったから、背も伸びたのかもしれない？……と得心顔の私……。

「それから、ピーナッツもう欲しくなくなってきました……。まだチョットは食べちゃうけど、途中で止められるようになったのよ！」

彼女のまん丸顔だった頬やアゴの辺りを見ると、スッキリとしてきたみたいだ。この娘って結構、美人だったんだと思わず見入ってしまう私に、

「先生、せっかく痩せてスマートになってきたんだから、彼氏できるか、リーディングで診てくださーい！」と、ちゃっかりと料金外のリーディングを所望する舞華。

「やれやれ……」とまんざらでもない私。

＊四月二五日　六回目のセラピー後の経過
「ミッチェルに決めたの！　それから先週、すごっくいいことあったんです！」

「川岸を歩いていたら……ネ……」

これが、冒頭の物語の結末である。

「会社の人にもキレイになったっていわれるし、自分にすごっく自信が持てるようになってきました。先生ホントにありがとうございます」と私の前にスリムなジーンズ姿でキュンと立つ舞華であった。

＊

セラピーの日々、いつも思うのですが、病を治すということは身体だけではなく、心やその人の運までも癒すんだと常々思っています。

彼女のように過食症が治まって、肥満ぎみだった体がみるみるうちにスリムになり、おまけにX脚だった脚がまっすぐに伸びる。

正直いって、今年の冬まで肥り気味の田舎娘だった彼女が、顔つきもキレイになって魅力たっぷりの女性に変身していく……。そして、身体の不調が改善されただけでなく、それは見事に心も生き生きと魂が輝いてくるのです。

病んでいた心が癒え身体の代謝も改善された結果、容姿にも変化をあたえた……。その結果、自信が笑顔を生みだし、人を気遣《きづか》うゆとりや優しさが人を引き寄せていく……。多分、幸せのオーラが（きっとピンク色だろうね？）彼女を包み込んで、男たちがそれを放っておかないのでしょう。

バイタルセラピーの最終目標は肉体の改善だけでなく、心の安らぎと魂の向上です。西洋医学が症状を病気前の「ニュートラル状態」に戻すことにあるのに対し、心身ともにセラピー前よりさらにいい状態にする「ウェルネス状態」に持っていくのがその目標です。「ウェルネス状態」になるということは、心も体も健やかになり、他人に対する優しさや気配りといった穏やかな気持ちがプラスエネルギーを放射し、公私ともに人間関係も実にいい状態になっていくのです。

つまり、「人を幸せな状態にするセラピー」というわけなのです。

＊

◇多くの人々から寄せられた感想メール

私のセラピーラボを訪れて改善していった方々が、「癒しすぽっと"ispot"」というポータルサイト（http://www.ispot.jp/）に寄せられた掲示板「感想」を、いくつか掲載します。

【感想メール】8

2005年1月～4月　摂食障害（過食）、肥満、X脚が改善したHeartmasterさんからいただいた「感想」メッセージです。

体だけでなく心の改善も大きかったようです。

【感想】Heartmaster　NO.10089840　07月05日11時18分

いつも素晴らしいセラピーありがとうございます。セラピーを受ける度に良くなっていく自分がわかるのでとても嬉しいです。先生の波動を入れて頂いた可愛いハート型のローズクォーツとても効きました！このハートを頂いた数日後、いい感じになっていた彼と夜の川岸を散歩しているととてもロマンチックなことが起こりました。「嬉しい！」と思いつつ「蘭修先生パワースゴい！」と感心してしまいました。彼の話をするとニコニコして聞いてくれる先生の顔が印象的です。癒しだけではなく恋にもパワーを発揮する先生にビックリです！次回のセッションも楽しみにしております。ありがとうございました。

コメントの編集

【お店から】蘭修　07月06日00時34分

症状が改善しただけでなく、恋も実ってとっても Happy ですね！

これからはハート型のローズクォーツで恋占いや、恋愛成就セラピーなんか始めましょうかね？

このローズクォーツ、そんなに効くのでしたら家に持ち帰って妻にあげれば、少しは夫の私に注目し直してくれますかね……？

身体も心も幸せになってください。

今月末にお待ちしております。


【感想】Heartmaster　NO.10089840　03月17日09時40分

いつもありがとうございます。

私のセッションも4回目になりました。毎回自分が良くなっていくのを実感できて嬉しいです。それに増田先生をはじめとする先生方も丁寧で親しみ易く（和み系!?）いつも安心してセッションを受けられます。

左の肩甲骨の下がすごく痛くて整骨院や整体へ通ったのですが一向に改善しなかったのに、初めのセッションで先生に原因を見てもらい施療をして頂いたらすぐ改善しました。驚きです。X脚も改善され周囲から「姿勢がよくなった」とも言われました。

数日前に激しい頭痛があり昨日のセッションに行った時も少し痛みが残っていて

自分では首の凝りとコンタクトをしていた疲れからだと思っていたのですが先生方が原因を見て施術してくださいました。すごく楽になって帰りの足取りは軽かったです。

バイタルセラピーラボのセラピーを受けてからは冷え性も改善され前向きになることもできました。本当にありがとうございます。

次回のセッションも楽しみにしております。

【感想メール】 9

2005年5月から2006年2月の間にうつ・言語障害のセラピーに訪れた hiroko さんからの「感想メッセージ」です。

外出もままならなかったのが、今では嘘のようですね。

【感想】hiroko　NO.10099656　05月23日00時20分

19日に初セラピーを受けました。
20、21日は、朝起きて食事も三回とり、外出し友達にも会って、夜寝るという、ごく普通の生活リズムで過ごすことができ、自分も家族も驚きました。
しかし22日は起きた時から、また日本語ではなく知らない言葉が出てきて、しかも日本語を話そうとしても声にならず、無理に絞り出そうとするとはっきりと発音できず……という状況が夜まで続きました。顎の辺りがあざのように痛んでいたのに、突然痛みが取れて普通に話せるようになったのです。

寝る時間になって今は何ともありませんが、明日また同じことになったら嫌だなと思っています。

ただ、今日はパニックにならずに済みました。

食欲もあり、身体の調子はよいようです。
＊＊10ptゲット！＊＊

コメントの編集

【お店から】蘭修　05月23日19時27分

hiroko さん、早速感想をお寄せいただきありがとうございます。

何らかの改善が見えてよかったですね。

バイタルセラピーという療法、１回であっと言う間に魔法みたいに治ってしまう……という訳には参りません。

深いところにある問題を一歩一歩、しらみつぶしに解放しいかなくては改善に向かえません。

辛抱強くがんばってみてください。

「今日少し改善できたから、明日も改善できる」と自分を信じてください。

では、26日お待ちしております。

【感想メール】10

2005年11月から２月の間に、うつ病のセラピーで訪れたにっきさんからの「感想メッセージ」です。

もう少しで仕事に復帰できそうですね！

【感想】にっき　NO.10140298　03月18日10時12分

去年11月から今年２月にかけてレイキを受けさせていただきました。

かなり遅れましたが体験談を投稿させていただきます。

僕が治療を受けてみようと思ったのは以下の３点。
１．その友人をとても信用していたこと
２．知り合いがそのセラピーを受けて確かに体質改善されていたこと
３．知り合いがそのラボに勤めていること
僕は長野に住んでいます。

東京-長野間の新幹線回数券を買占め、地道に通いました。結局８回受けました。

本当に効いているのか分からないままただ東京に通いました。治療を受けている時だって、体に触れて問いかけに対して答えたりするだけ。これで本当によくなるのだろうか？。ただお金を湯水のように浪費していくだけではなかろうか？不安ばかりでした。

体感を感じたのは４回目の治療の時。年末12月28日の日のことだった。体感として……。
１．朝起きれるようになった。
　→夜早めに寝るので５、６時に目が覚めるのだが実際に起きるのは７、８時だったりするのが、さくっと起きれるようになった。
２．疲れがとれるようになった。
　→非日常的なことをした後、例えば旅行、遊びに行った後とか、飲みに行った後とかに疲れがドッと出てなかなかその疲れが取れなかったのがとれるようになった。
３．アルコールがおいしくなった。
　→お酒はもともと好きだったけど、倒れて以来全然おいしくなかったのがおいしいと思えるようになった（今かなり飲めてる）。
４．腰の痛みがとれてきている。
　→毎日、ジョギング・筋トレ・ストレッチを地道に繰り返している結果であると共にレイキのおかげだと思っている。曲げられることはもちろん、そらしたり、ひねったりすることもできるようになった。
５．けいれんが起きなくなった。
　→去年初めて４回けいれんを起こした。精密検査の結果、てんかん・パニック症などの病気ではないが明らかに正常ではないと言われた（病名不明原因不明）。この結果に対してただ薬を服用しているだけ。精密検査の結果は変わってないが、けいれんは今のところ起きていない。

家族にはこのこと黙っていました。だって怪しいもの。心配されるもの。

でも家族に「この頃、やけに調子よさそうだけど、東京で何かしてるの？」と言われました。「ホント？」と僕は驚きました。家族に言わせると僕は変わったらしい。で、かくかくしかじかレイキのことを話したらビックリ仰天。「そういうのって実在するのかぁ……」と。

レイキは僕に効いたみたいです。先生やスタッフの方も親切です。これからもたまに顔出そうと思っています。セミナーも受けようと思っています。今後ともよろしくお願いします。
＊＊10ptゲット！＊＊

コメントの編集

【お店から】蘭修　　03月21日01時03分

嬉しい感想をお寄せいただきありがとうございます。

この前、1月にいらっしゃった時、今年の正月はお酒を飲んだり友だちと会ったり、普通に過ごすことが出来ました……と聞いて本当に嬉しく思いました。

また長野という遠方からわざわざ通ってきているから治ったんだと、意味深いことを言っておりました。

確かに訳の分からないセラピーに、わざわざ時間とお金をかけてくるわけですから、よくよくの覚悟（絶対治したいという）があったからだと思います。

そういう気持ちが、病を改善していくのです。

にっきさんも言ってますように結局治すのは自分なのですね。

ボクはそのお手伝いをしているだけなのです。

春になって元気な、お顔を見せに来て下さい。

一日も早く、職場復帰をなさいますよう……

【感想メール】11

2004年８月から2005年11月の間に不妊治療のセラピーで訪れた yukazo さんからの「感想メッセージ」です。

諦めかけていた赤ちゃんを、腕に抱くことができました。

【感想】yukazo　NO.10080877　02月28日18時00分

先生、ご無沙汰しております。

不妊で悩んでいた私がセラピーを始めて１年後、昨年11月に可愛い赤ちゃんを抱くことができました。

当時不妊治療も５年目、最先端医療の体外受精を何回もトライし心も体もクタクタになっていたときに増田先生とお会いしました。

当時既に44歳でしたのでそろそろあきらめようか、という思いと最後にやるだけいろいろ試してみようという気持ちでセラピーを受けました。

ヨガ、鍼、漢方、とあらゆる事を試しましたが最終的には心の問題が大きかったのかもしれません。

恐らく先生もそれほど結果を期待していなかったと
思います。（笑）

ところがセラピー数回で見事に成功、最初は信じられない気持ちと、また流産するかもという気持ちから臨月までずっとセラピーにお世話になりました。

おかげ様で、45歳にして3500ｇの女の子を授かりました。あの時迷いながらも治療を続けて良かったという気持ちと、セラピーと出会わなかったらこの娘を胸に抱いていなかったかもという感謝の思いでいっぱいです。

増田先生、町田さん、当時は本当にお世話になりました。これからもぜひ不妊で悩んでいる方の力になってください。
＊＊10ptゲット！＊＊コメントの編集【お店から】　★
＊＊10ptゲット！＊＊

コメントの編集

【お店から】蘭修　02月28日20時52分

感想をお寄せいただきありがとうございます。

yukazo さんが、ボクのラボを訪れたのは、2004年の夏のことです。その年の暮れには見事成功……昨年の暮れにＹちゃんの誕生と、これまでのどんなセラピーの成功より嬉しく思えます。

やはり、新しい生命の誕生にかかわるということはセラピストにとってすごく名誉なことです。

不妊症で訪れる方は結構多いのですが、生命の誕生にはいろんな要因が絡み合っていますので、結果を待てないでセラピーを頓挫してしまう方が多いのです。

そんな状況にもかかわらず、yukazo さんは最後まで続けてくださいました。

貴重な体験を、ありがとうございます。

ラボの掲示板に、Yちゃんの写真を飾ってあるのですが、そのPOPコメントには〝ボクの創ったYちゃんです！〟とあります。

（ご主人様、ごめんなさい……）

第五章——バイタルセラピーのしくみ

バイタルセラピーの目標は
「普通の状態」に戻すだけ
ではなく
「幸せな状態」に導くこと
です

①【バイタルセラピーの構成としくみ】

◇根源からの療法・バイタルセラピー

波動療法（バイブレーショナル・メディスン）とは、骨格や臓器を薬物や手術または手技で操作することなく、生体のエネルギー場を調整することによって、肉体・感情・精神・霊性など身体の全てをウエルネス状態に改善させる療法です。

バイタルセラピーはこの波動療法の一つで、ストレス・トラウマ・カルマ・霊障などにより生じるチャクラや身体のエネルギーブロックを、レイキや高波動を用いて根源から改善する療法です。

病や不運の根源は、器である肉体と魂との不具合で起こると、バイタルセラピーでは考えています。

この不具合が肉体の情報であるＤＮＡと輪廻の情報であるカルマと呼応して、病や禍《わざわい》を招くのだと考えています。

つまり、魂と肉体の調和こそ根本治癒に繋がるのです。病という現象は魂の叫びであり、生命波動の叫びです。

バイタルセラピーでは、ＶＦＴというリーディング法を用いて、この生命波動の叫び（情報）を読み取り、真の異常部位や原因を探りだします。

その原因の根（メジャー）に、レイキをはじめとする生命活性エネルギーを的確に送ります。その結果として、心と体のネガティブエネルギーが調和され、チャクラが活性化し、内分泌や免疫機能も向上、そして脳や神経伝達の活性化にともない、自律神経も正常化していきます。

そうして自然治癒力が最大限に高まり、肉体的症状のみならずストレスやトラウマも消え、肉体・感情・精神・霊性の全てが癒されていくのです。

バイタルセラピーでは、身体を部分で捉えず、ホリスティック（全身的）に診る……いわば、西洋医学でいう内科・整形外科・心療内科・婦人科・皮膚科など身体の全ての領域で診察を受けたと同じようなセラピーを行ないます。

ホリスティック医学を実践している先進的な医者たちの間では、この波動医学（バイブレーショナル・メディスン）を、人類を救う次世代の医療としての可能性を期待しています。

長年、わけもわからず苦しんできた不定愁訴や原因不明の疾病の改善も、決して不可能ではありません。

◇バイタルセラピーの構成

人間の身体は本来エネルギーそのものであり、宇宙からのさまざまなエネルギーを導き、活用できる構造になっているのです。文明や科学の進歩が、この素晴らしい恩恵をほとんど使えなくしてしまったといえます。

低い波動しか持たない身体は、病気の元となるマイナス波動の影響を受けてしまい、せっかくの宇宙からの高いエネルギーをブロックさせてしまいます。

人間が宇宙のエネルギーと共振し、高い波動を得、魂を進化させることができるなら、人間は病気や不安や迷いから無縁の存在になれるのです。

バイタルセラピーでは、天使などのハイスピリチュアルなエネルギーを導き、体と心のエネルギーレベルを高めます。

マイナスの波動を寄せつけず、宇宙エネルギーと共振できる高い波動の肉体と精神をつくることで、全ての病気から解放される……。これが我々の最終目標でバイタルセラピーは、以下の四つの要素で構成されています。

①エネルギーの操作法

図－5　バイタルセラピーの構成

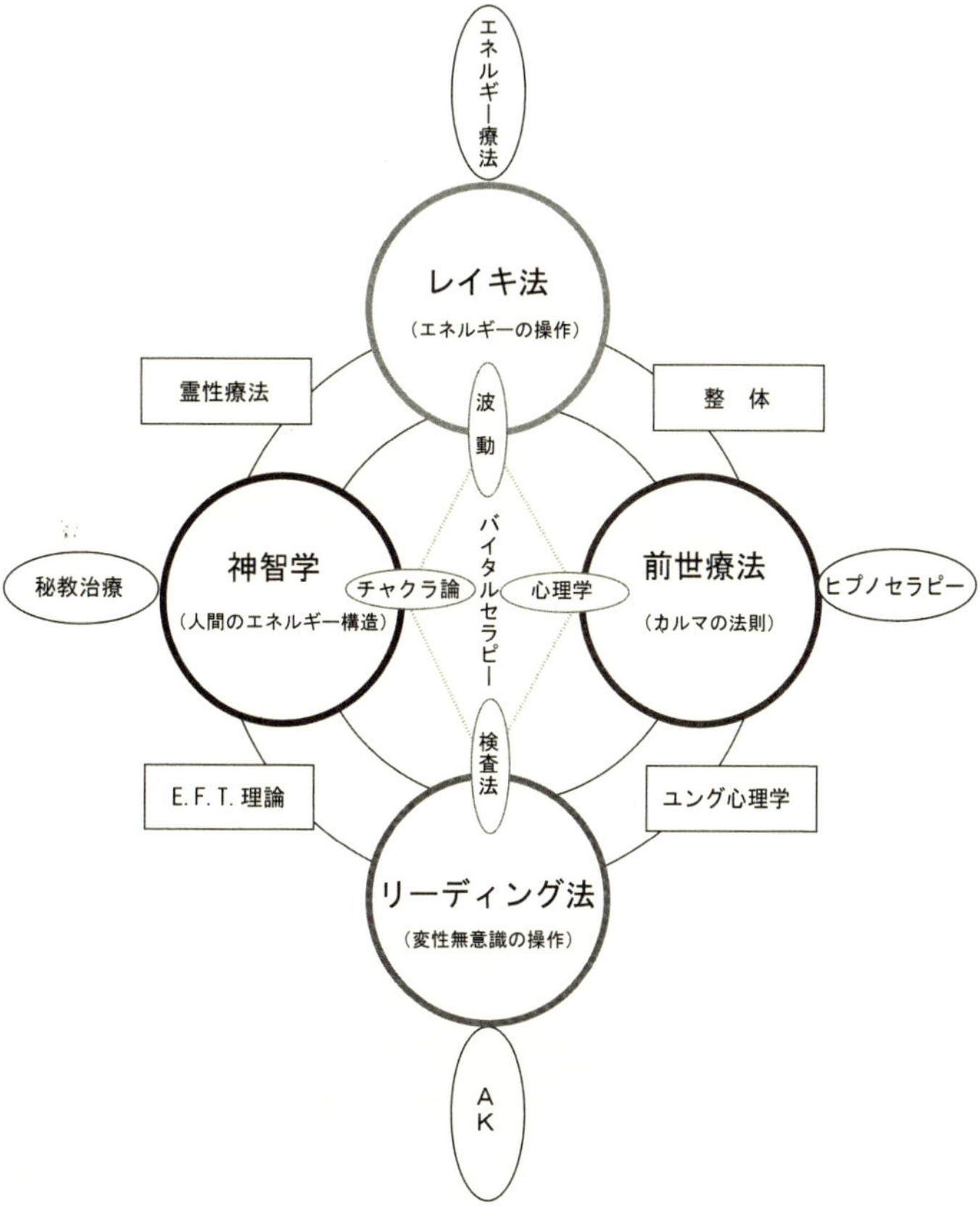

(1)レイキやハイ・スピリチュアルなエネルギー（聖なる高波動）を用いてのセラピー
(2)自己の意識操作によるエネルギーの使い分け
(3)伝統靈氣の病腺霊感法（病腺やヒビキの感知）の実践
(4)最終的には、光の癒し

②人間のエネルギー構造理論とチャクラ論
(1)神智学（トランスヒマラヤ密教）の人間の七つのエネルギー構造を基に組み立てられた
波動理論・チャクラ論の実践
(2)エーテル体・アストラル体・メンタル体への操作

③心理学やヒプノセラピーを取り入れた療法
(1)ユングなど心理学の応用によるストレスやトラウマなど心的（脳の）ブロックの解放
(2)ヒプノセラピーを発展させた独自の前世療法によるカルマの解放
(3)心理療法ＥＦＴ（感情解放テクニック）の実践

④アカシックレコードにリンクするリーディング法
(1)アプライド・キネシオロジーによるオーリングなどの筋反射テスト
(2)集合性変性無意識にリンクし、時間・空間を超えて自身や他人のすべての情報を読み取る vital Feel Test によるリーディング法

①のエネルギーの操作については、基本的には「病腺霊感法（病腺やヒビキの感知）」というレイキ法を土台に組み立てられています。

レイキは、シンボルやマントラというカタチや言霊を用いることにより、多くの修練を要さないでサイキックなヒーリングを可能にした画期的なヒーリング法です。

バイタルセラピーは、このシンプルで簡単なレイキの波動操作術を基本としており、波動操作が熟練してくると、このシンボルやマントラのサポートは不要となります。

そして高い意識を持つことで、レイキ以外の高次の存在（ハイ・スピリチュアルなエネルギー）など、さまざまな波動を自在に操作できるようになるのです。

自己浄化や瞑想により、グラウディングを保ち、肉体・感情・精神の波動を高めていきます。

このような修練の実行が、最終的にはチャクラを開花させ、魂の進化を促し、意識を高めていきます。

何よりも大切なことは、自己だけでなく多く他者にセラピーやヒーリングを実践することです。そのことによって意識はおのずと高まっていき、高度な波動操作ができるようになってくるのです。

現在、私や私のスタッフが操作可能な高次波動は、以下の通りです。
(1)レイキ波動肉体の癒し・メンタル面での解放・カルマの解放・物や場の浄化
(2)高次の波動（守護天使やキリストエネルギーなど）心の癒し・光のハグ
(3)スターピープル波動（地球外生命体）邪気の浄化・悪霊の浄化・創造力のサポート
(4)G波動（高次第一〇界層）魂の解放・全ての浄化
セラピーの最終目標は、肉体や精神を超えて魂レベルの解放であり、光の波動との共鳴です。つまり、全チャクラの開花やメンタル体の覚醒《かくせい》につながるのです。

この最終セラピーを完了すると、単に病の改善といったレベルを超えて、本質への目覚め・創造力のアップ・慈悲心の目覚めなどの覚醒を得ることができるのです。

②の人間のエネルギー構造理論とチャクラ論ですが、一八世紀ロシア人のブラヴァッキー夫人によってもたらされた「トランスヒマラヤ密教」の教えを編纂《へんさん》した「神智学（Theosophy）」の理論に基づいた「人間の七つのエネルギー構造論」と、それに関連した「チャクラ論」を反映させたエネルギー理論です。
神智学によりますと、人間は肉体だけでなく、周波数の異なる七つのエネルギーの構造で成り立っているといいます。

そのエネルギーは、光線で成り立っており、もっとも低周波の波動体が結晶化したものが肉体（物質界）だといわれています。

私たちは肉体（物質）といわれるエネルギー構造だけを見ているのです。現代科学もまたその物質のみを対象として成り立っているのです。

神智学によると、病気は肉体以外のエネルギー体（アストラル体やメンタル体）の不都合による要因のものがほとんどで、肉体的（物質的）要因から起こるものは、わずかといわれています。西洋医学はその一部しか診《み》ていないというのが実態で、何とも啞然とする話です。

私たちは、この七層のそれぞれのエネルギーをチャクラを通して受けています。

各界層の微細エネルギーは、人間の感情や性欲、直感力や愛、思考や智慧といった人間の根源となるエレメントの構成を担っています。

チャクラからの微細エネルギーの入出流が不調になると、身体だけでなく精神にも不調をきたすようになります（注：チャクラからの余剰エネルギーの流出をオーラといいます）。

バイタルセラピーでは、このチャクラからの体内外への微細エネルギー入出流の不調や身体のチャクラ間を流れる生命エネルギーの不調（エーテル体や経絡のエネルギーブロック）の改善を、セラピーの重要な要素と考えています。

このチャクラが改善され身体の波動が高まると、病気に罹《かか》らない身体になり、邪気にも強い体質になります。またチャクラが充分に開花すると魂の進化をうながし、人間の質的向上が見られます。

バイタルセラピーをはじめとする波動療法の最終目的は、単なる病の改善でなく、心の向上と魂の進化なのです。つまり「安心立命の境地」に導くことです。

エーテル体の損傷は、邪気といわれる動物や人間の死霊などマイナスのエネルギー体や怨みなどの想念を招いてしまいます。これが一般的にいわれる霊障の問題であり、ここが弱い人は霊媒体質といわれています。

また、アストラル体には、前述の邪気の他に幻想動物や精霊やエレメンタルといった肉体を持たない生命体や、もっと高い界層から下がってきたDTやAGといわれるエネルギー体なども存在しています。

これらアストラル体の存在が人間の肉体の波動を攪乱《かくらん》させ、肉体的不調を派生させます。また、さらに上の界層であるメンタル体には、病気を具体的に症状として派生させる、EXといったエネルギー体や、邪気などのマイナスの波動体を引き寄せるミアズムといったものが存在していて、これまた病気を派生させる大きな要因です。

浄霊による霊障の改善やマイナスの波動体からのガードなど、チャクラを通して行なうエーテル体・アストラル体・メンタル体への操作も、バイタルセラピーを構成する重要な要素です。

③の心理学やヒプノセラピーを取り入れた療法もまた、バイタルセラピーを構成する大きな構成要素です。

注：DTとかAGまたはEXなどの表記は、これらの存在が一般的に認識された名称でないため、アルファベットの略字表記としました。

顕在意識におけるストレスや潜在意識に潜り込んだトラウマ（PTSD）という心的要因も、生体波動を乱し、病を派生させる大きな要因の一つです。

バイタルセラピーでは、顕在意識下でのストレスや潜在意識下のトラウマといった感情や意識の解放には、通常レイキの波動を用いています。

レイキの穏やかで精妙な波動が、脳のエネルギーブロックの解放というデリケートなセラピーに適しているからです。

ストレスやトラウマといった脳の解放には、エモーショナル・チャレンジという手法を用います。

心理カウンセリングを行ないながら、あらかじめリーディングで探っておいたストレスやトラウマの真の原因を問いかけることで脳に心的負荷をあたえます。負荷をかけられると、チャレンジを行なわないときよりも強い〝ヒビキ〟が手の平に感じられます。〝ヒビキ〟が強く出る分、セラピー効果が速やかに確実に出るわけです。

心理カウンセリングとセラピーとを同時に行なうという画期的な手法こそ、バイタルセラピーの精神的愁訴の解放に高い成果を上げている所以《ゆえん》でもあるのです。

カルマの解放といった前世療法にも、この手法は活《い》かされています。

ヒプノセラピーによる誘導では、過去世の領域までクライアントを導くのに、通常約九〇分もの長時間を要します。

バイタルセラピーでは、前にも述べたように事前のリーディングで過去世でのカルマの情報をセラピストは知っているわけですから、あらかじめ知っているゴールに向けて誘導するという手法で、誘導も速やかに確実にできます。また、セラピスト自身もクライアントが視《み》たビジョンに確信が持てるわけです。

前世という過去に誘導しながら、同時にセラピーを行なうという手法は、他に類を見ない画期的な手法であると自負しております。

さらにバイタルセラピーにおいての前世療法の際立った特徴としては、死後の世界に導き、天国を体現することにあります。

誘導により多くのクライアントは、死後のビジョンを何らかの形で視ます。死んだ自分の肉体から魂が幽体離脱し、何らかの力が働き、天界に引き上げられていきます。多くの人は、一様に白い雲の中を上昇するというビジョンを視ます。アストラル界を進んでいるのであろうと推測しています。

そして階段や光の道を進み、たどり着いた扉の向こうは、溢れるばかりの白またはオレンジ色の光に満ち溢れた世界です。

ここで天使が迎えてくれることもありますし、浄罪界での決断を迫られるかのように白髪の老人が現われ、進むべき方向を選択させられたりします。

ある者はここから暗い穴や下りの階段を経てふたたび転生していったりしますが、大概の人はこの後、ギリシャの神殿や花の咲き乱れた草原で霊界の人々に温かく迎えられたりします。

そして、ついにコーザル体と思われる場所で、雲の布団に包まれて眠りについたり、光に抱かれての至福の感情体験を持ちます。その結果、まさに劇的に心と魂の解放をみるのです。このとき、感情の発露のごとく号泣したり、悟りにも似た確信を持つのです。

そして、クライアント自身がカルマが浄化されているのを、しっかりと認識するのです。

一方では、アメリカのギャリー・A・フリント博士の開発したEFT（感情解放テクニック）という心理療法も行なっています。

改善後のイメージをビジュアルとアファメーションで語り、側頭部の経穴を叩く「タッピング」というこのテクニックは、ともすればネガティブな波動の影響を受けやすいストレスやトラウマのセラピーの締めくくりとして最適であり、クライアントの予後のケアとしてポジティブな意識を植えつけるという効果が期待できます。

②【驚異のリーディング法のしくみ】

◇オーリングテストについて

バイタルセラピーという私の波動療法を可能にしているのは、確かなリーディング法の存在のお陰です。Vital Feel Test（以下VFTという）と呼ぶこのリーディング法がなかったら、これほどまでのセラピー効果は望めなかったでしょう。

肉体・精神・霊性・魂のすべての領域にわたって、その症状の真の原因を探りだす Vital Feel Test は、その源《みなもと》をアプライド・キネスオロジーに端を発します。

皆さんがご存知のオーリングをはじめとする筋反射テストや、フーチなどを用いて行なうダウンジングがそのベースになっています。

筋反射テストとは、物質や意識の持っているマイナス波動が生体の波動を乱し、人体、おもに脳からの各運動機能への命令伝達が阻害されることによって起きる、筋肉の反射作用を調べるテストです。

オーリングテストとは大村恵昭博士が、この筋反射テストを「指でオーという字の輪をつくり、もう一方の指でその輪をこじ開ける」という方法で、手軽に筋反射テストできるようにしたものです。

指が開かず力が入っていれば反射が正常であり、陰性（Good）ということになり、反対に指に力が入らず直ぐに開いてしまう状態を陽性（Bad）とし、何らかの異常があると判断します。

このオーリングテストは、身体の悪い箇所を調べるだけでなく、食品などの善し悪しや探し物の発見、人間関係の相性といった生活のいろんな面に活用できるので、覚えておくと便利で暮らしに役立ちます。

このオーリングテストには、他人の指を使って行なう「他者オーリング」と自分の指で行なう「自己オーリング」がありますが、バイタルセラピーでは、自己オーリングを主に使っています。この筋反射テストにはそのほか、肩の三角筋の反射で調べるアームフォッサテストや、大腿筋群などの反射を調べる脚の屈曲テストなどがあります。

コラム⑦──神と人間の構造が解る神智学とは？

今から100年ほど前、ロシア人のＨ・Ｐ・ブラヴァッキー夫人は「トランス・ヒマラヤ密教」を神智学として世に伝えました。

その後、アリス・Ａ・ベイリーやルドルフ・シュタイナーなどによって、多くの神智学や人智学としての書籍が書かれ世界に広まっていきました。

数多くの秘教の中でも「トランス・ヒマラヤ密教」は、

⑴宇宙と神の構造

⑵魂の進化

⑶人間のエネルギー界層構造

⑷生死・死後の世界・輪廻

⑸地球上の進化とエネルギーシステム

など、哲学・科学・宗教が統合された一大体系なのです。

「なぜ、宇宙は存在するのか？」「神の存在は何か？」「人間のパーソナリティとは？」「死後の世界や輪廻とは？」「霊性や天使や精霊とは何？」など、今まで不可解だと思っていた事柄を、神智学は次々と明快に解明してくれるのです。

特に、⑶の〝人間のエネルギー界層構造〟はチャクラの理解とともに、私の開発したバイタルセラピーの構造の基幹となっているものです。

人間は単に肉体という目に見える物質構造だけで成り立っているのではなく、その他６つのエネルギーの界層で成り立っているという事実を知った私は、今までどうしても解明できなかった〝リーディング法〟や〝波動と病のしくみ〟が、目からウロコという感じでハッキリとわかってきました。

このオーリングテストの欠点は、意識や先入観がそのテスト結果に影響をあたえてしまうという点です。「あっ、この人は痩《や》せているから胃腸が悪いな!」と先入観でオーリングを行なうと、指は開いてしまい〝Bad〟と出てしまったり、テストを行なう人が「あっ、どっちかな! 分からない?」と迷ったり自信を失ってしまうと、指が反応しなくなってしまいます。

これは、テストを行なう人の意識が、何らかの波動（エネルギー）を生じさせてしまい、それが筋反射を狂わせてしまうからなのです。

自己の意識の介在がテストを不可にしてしまうならば、当然相手の意識の動きもテストの結果に反映してしまうということになります。このことはクライアントの精神面をリーディングしなければならないという心理面でのセラピーには、不確実すぎてオーリングは使えないということになります。

◇〝部分〟で〝全体〟を読む Vital Feel Test

カイロプラクティックなどの整体的療法から、メンタルでスピリチュアルな領域に、その療法を転換しつつあったその頃の私にとって、メンタル面でのリーディング法の開発が急務であったのです。

そんなころ、書店で一冊の本を手にしました。その本が私の波動療法の研究に大きな影響をあたえてくださった、リチャード・ガーバー医学博士の書かれた「バイブレーショナル・メディスン」という本でした。

この書籍は、波動やスピリチュアルという領域を医学的なアプローチで書かれたもので、これまで読んだ観念論的要素の強いこの種の本の中にあって画期的でした。この本がバイタルセラピーという療法そのものにも多大な影響をあたえたのも確かですが、新たなリーディング法の開発にヒントとなった文章に出会ったのはとてもラッキーでした。

話がチョット難しくなりますが、レーザーなどどこまでいっても拡散しないで真っ直ぐ進む光のことを、コヒーレント波というのだそうです。レーザー光などのコヒーレント波を使って撮影した写像をつくる技術をホログラフィーといい、その技術によって生じた立体写像のことをホログラムというのだそうです。

私に新たなリーディング法のイメージを閃《ひらめ》かせてくれたのは、レーザー光線で撮影したリンゴのホログラムの写像についてのつぎの文章です。

「このリンゴのホログラムフィルムの一部を切りとってレーザー光にかざすと、小さなリンゴの立体像が浮かびあがる。（中略）その干渉パターンの中では、すべての〃部分〃に〃全体〃の情報が含まれている。つまり、リンゴのホログラムフィルムを五〇枚に切り刻んだら、それぞれの切れはしがミニチュアのリンゴの立体画像をつくるのだ。（中略）あらゆる断片が全体を含んでいるというホログラフィーの原理は、すべての生物の細胞構造にみることができる」

もう一つは、高電圧写真技術で撮影した植物の葉「ファントム・リーフ」について書かれた文章です。

「葉の三分の一を切り取ったものを撮影したときである、葉の残った三分の二の部分を高電圧写真で撮影する。すると切断されて失われたはずの葉が、写真では完全な葉の像として示される。切断された部分が物理的に破壊されているにもかかわらず、写真には全体像が写るのである」

そして、文章はつぎへと続く。

「エーテル体とはおそらく、ホログラムと同様な、エネルギーの干渉パターンの一つであるにちがいない。（中略）ひょっとすると、この宇宙そのものが巨大な〝宇宙ホログラム〟なのかもしれないのだ。すなわち、宇宙はとてつもなく巨大なエネルギーの干渉パターンなのかもしれないのである。そのホログラフィックな性質によって、宇宙のあらゆる断片は全体の情報を保持しているばかりか、全体の情報にも寄与しているのである。（中略）宇宙ホログラムは、時間の流れの中で凍《い》てついた静止画像というより、一瞬一瞬、ダイナミックに変動しているビデオテープに近いものであろう」

このことは多分、「集合的無意識は人間の、ひとり一人のあらゆる無意識が渾然と一体になる状態である。意識と無意識の中間の状態である変性無意識になれると、この集合的無意識の中に入り込むことができ、自分の欲しいと思っていることを知ったり、イメージを描き出すことができる……」というユングの考え方と……。

そして「この宇宙のどこかに、人類はもとより宇宙のあらゆる過去・現在の情報が記録されている〝アカシックレコード〟というものがあり、この〝アカシックレコード〟と共鳴できる人だけが、このレコードにリンクでき、あらゆる情報を引き出すことができる……」という神秘学の概念と……。

これらはすべて同じことを、別な角度で述べているのにちがいないと気づきました。

「全ての〝部分〟に〝全体〟の情報が含まれ、そして〝全体〟に全ての〝部分〟の情報が含まれている」という、リンゴのホログラムフィルムの事実に、全ては通じるのだと思いました。

しかし、身体の反応だけでなく意識や過去の記憶の反応を、どう読み取るか？　これがどうやっても分かりません。

オーリングテストのほかに以前に学んだことのある、脚や手の長さの違いで身体を検査するといった整体での検査法を、何かの拍子に思い出したのがきっかけだったかと思います。
その後、試行錯誤の結果編み出したのが、独自のリーディング法VFTリーディングです。
その全容をこのページで説明するのは不可能ですので、詳細は割愛させていただきますが、簡単に説明させていただきますと……。

自分の意識をクライアントの身体にレーダーのように投射すると、その答えが自己の変性無意識で感じ取り、その反応がクライアントや自分の脚や手の動き（反射）となって現われます。そうすることで、より正確なリーディングが可能になったというわけです。

これは、先入観が筋反射の結果を狂わしてしまうというオーリングテストの欠点を、逆手に取った発想です。

これは、テレパシーや霊知という霊感の強い人が感じられると同じことを、脚や手の動きというう身体の反応でキャッチしているにほかなりません。

読み取っているのは、そのクライアントの身体の情報だけでなく家族のことや別の人のこと、大きくいえばクライアントの身体（〝部分〟）を借りて、宇宙全部の情報（〝全体〟）を読み取っているということです。

ただ難しいのは、どうしたら変性無意識状態（眠っていないのに無意識な状態）になれるかという問題でしたが、これは瞑想を行なったり、セラピーの経験を積むことによって強くなってきた気感の発達により自然に身についていきました。

そして不思議なことに、私の変性無意識状態の波動がスタッフたちにも自然に通じ、私と一緒にいると、必然的にリーディングができるようになったのです。

そして、このVFTというリーディング法は、肉体構造上の異常部位の情報はもとより、感情や精神的葛藤といった顕在意識下での情報、トラウマといったような過去の潜在意識下での情報、そしてカルマといった過去世での魂の記憶の読み取りにも可能にしてくれました。またクライアントの身体や持ち物を通して、離れている家族や家といった環境や人間関係の情報まで伝えてくれます。

セッションの場においても、セラピーの方向や回数、手順や使用スキルの是非なども教えてくれるので、セラピストはリーディングの示すとおりにセッションを行なうだけですむのです。

◇さらなる覚醒へ

このリーディング法の原点も、〝波動〟です。宇宙に網の目のように広がったエーテル体の〝Web〟を流れるさまざまな波動を、どうキャッチし、どう操作するかという技術です。

難しいようですが、誰もが繋がり、利用できるはずである、神がくださった〝アカシックレコード〞へリンクできる能力なのです。

そんな夢みたいなことはありえないと、思ってしまっているからできないのです。前にも述べましたが、私はかつて霊感少年でも超能力者でもない、ごく普通の人間だったのです。

ヨーガをはじめとする適切な呼吸法を毎日実践することにより、自己の波動が向上し、チャクラを開花させていくことによって、さらなる覚醒はかならず始まります。

そして、いつの日かリーディングという範疇《はんちゅう》を超えて、もっと高い存在とのチャネリングも可能になってくるのです。

「バイブレーショナル・メディスン」に書かれていた「そのホログラフィックな性質によって、宇宙のあらゆる断片は全体の情報を保持しているばかりか、全体の情報にも寄与しているのである。宇宙ホログラムは時間の流れの中で凍てついた静止画像というより、一瞬一瞬ダイナミックに変動しているビデオテープに近いものであろう」

……前述のこの文章は、映像クリエーターとしての私の思考世界を刺激して、つぎの項で述べる独自の前世療法やライトワークといったスピリチュアルなセラピー法の展開へと繋がっていくのです。

③【バイタルセラピーメソッド】

◇バイタルセラピーの公開

私のようなサイキックなセラピーをおやりになっている方は、とても神秘的でしかも伝統的な秘伝として技法の伝授をオープンしないという方が多く見受けられます。盗用されるのを嫌って、口伝《くでん》だけで書面に残さないといった秘密主義の方も多いかと思います。

私は技法やメソッドというものは、自己の成長により日々改革されるものであり、他者の手に渡ってさらに改善変化してしかるべきだと考えています。どなたかが私の技法の真似をしたなら、私はそのときにはさらに上を極めればいいのです。

現在、波動療法をはじめ民間療法に従事しておられる方や、これからセラピストを目指して勉強しておられる方々、あるいは医療に従事していらっしゃる方々に対して、この章ではバイタルセラピーの概論とメソッドの概略を伝えたいと思います。

私の療法をお伝えすることで、ご自身の現在行なっているセラピーのスキルアップの糧《かて》になれば嬉しく思います。さらにまた、この章に誘発され、波動療法に導かれる医療関係者の方がいらっしゃれば幸いです。

この項では、バイタルセラピーラボが本書の出版時にセッションで行なっているメソッドの概略を紹介いたします。

バイタルセラピーとは、波動療法を中心に様々な療法を独自に開発させてセラピー法を加えた総合的なセラピー法です。

バイタルセラピーとは、波動療法を中心に独自に開発させた様々なセラピー法を組み合わせた総合的なセラピー法です。

具体的実践スキルは、紙面でご理解いただくことは非常に難しいと思います。本書をお読みいただいた結果、もっと詳しくこのメソッドを知りたいという方や、このスキルを習得したいと思われる方がおられましたら、巻末にセミナーなどの案内を記しておきましたのでご参照ください。

◇バイタルセラピー・メソッド

①セッションの流れ

(a)検査・リーディング法

①スピリチュアル・カウンセリング→②姿勢検査・リーディング法→③関連付けワーク

(b)波動セラピー法

④脳の解放セラピー→⑤チャクラ解放セラピー→⑥肉体構造の解放セラピー→⑦霊性療法→⑧前世療法→⑨ライトワーク法

(c)その他のセラピー法

⑩ＥＦＴ心理療法→⑪整体法・操体法→⑫自己浄化法・瞑想法

つぎに、各メソッドについて内容をそれぞれ解説していきます。

②スピリチュアル・カウンセリング

病気はもちろんのほか、仕事や家族の問題・結婚や恋愛運・人生の課題・前世の問題などは、全て同じ要因から起因するものとの考えから出発したものです。

肉体の病気は一般の病院で、心の病は心理カウンセリングで、霊障や前世の問題は霊能者や占い師に診てもらうという区分けは、西洋医学が人体の各器官別に専門が区分されていることと大きな違いはないのです。

「波動と病と幸福のしくみ」という本書の副題にもあるように、肉体も精神も人間関係や災害などによる不幸や禍の原因も、同じ要因から出発することが多く、その原因が症状という結果としてどこに現われるかという点です。それらはときに複雑に入り組んでいて、肉体の痛みの原因と不幸の原因が同じだったりすることもあるのです。

カウンセリングといってもクライアントとの面談は、あくまでもリーディングの目安であり、多くは肉体・精神・潜在意識・霊性・前世などからのリーディングに絡《から》めて回答を探ります。

バイタルセラピーでのカウンセリングは、あくまでもセラピーのための手段であり、占いや〝お告げ〟などのように、禍の原因を告げるだけのものではありません。

未来は刻々変化します。いま現在の予測は数分後には変化している可能性があります。ですから未来の予測は行なっていません。

③姿勢検査・リーディング法

(1)身体的姿勢検査

バイタルセラピーは、ホリスティックな(全身的な)セラピーという見地から、整体的な検査も行ないます。

首や腕の可動、前屈や後屈など、体幹部の可動などをチェックします。これらの診断は、この後に行なうリーディング結果で判るのですが、これはセラピー後の改善を、クライアントに再確認してもらうために行なっています。場合によっては触診も行なっております。

(2)筋反射テストとスキャニング

アプライド・キネシオロジーによる筋反射テストも行なっています。

上腕の三角筋や下肢筋群による筋反射テストにより、心身の活力（生体エネルギーのパワー状態）を診ます。エネルギーパワーが落ちていれば、力が入らず腕や脚は下がってしまいます。セラピー後にもう一度チェックして、改善具合を確かめます。

指の筋反射を使ったオーリングテストに関しては、当ラボでは自分の指を使って行なう自己オーリングテストを主にしており、チャクラや身体各部位も細かくチェックします。

つぎに、オーリングで発見した異常部位に対して、綿密にハンドスキャンをしていきます。病腺の発する身体の各部位の微妙なマイナス波動の差違を、手の平で確認していきます。筋反射だけに頼らず、研《と》ぎ澄まされた気感を信じるのが、レイキなどハンドセラピーには大事なのです。

(3)グラウディング法

もう一つ大事な検査に、「グラウディング」のチェックがあります。

これはレイキなどでも行なわれている生体エネルギーのチェック法で、まさに「地に足がついている」という意味のごとく、このグラウディングが乱れていると、体がグラグラして立っていられない状態になります。

このグラウディングのチェックも、セラピー前後の改善度の目安として、常に行なっております。

(4)生体のエネルギーバランスのチェック

もう一つは、身体各部位の生体エネルギーレベルのチェックです。

痛みなどを訴えている部位や邪気などのネガティブな波動が憑《つ》いている部位、チャクラの不活性による生体波動が乱れた部位など、身体各部位の波動レベルは微妙に異なります。

バイタルセラピーでは、人体の肉体波動レベルをプラスとマイナスの三〇レベル段階に設定し、波動を測定しています（メンタル波動レベルは一〇〇レベル段階に設定）。

仮にあるクライアントの診断時の平均肉体波動レベルがプラスとしますと、病腺部位はマイナスレベルだったり、邪気などの憑依《ひょうい》した部位などはマイナスレベルだったりします。セラピーの結果、各部位の波動レベルを平均のプラスに揃えるわけです。

実際にはセラピーの結果、平均波動レベルも上昇するので、各部位は例えばプラス8とか9レベルに上昇しているわけですが……。

セラピー前後の波動レベルの差違をチェックすることで、ピンポイントレベルのセラピーを可能にする生体エネルギーバランスをチェックするわけです。

(5)VFTリーディング法

バイタルセラピーの根源からの治癒の所以《ゆえん》は、セラピーにいたる異なる角度からの検査・リーディングによってこそ成り立ちます。

その検査法の中でもっとも重要な検査法が、当ラボが開発した「Vital Feel Test（以下VFT）」というリーディング法です。

身体内部の生体波動のチェックしかできないオーリングなどの筋反射テストに比べて、このVFTは感情などメンタルな領域や潜在意識、そして過去世や魂レベルの問題まで教えてくれます。そして、改善の有無やセッション回数や手順まで示してくれるのです。単なるリーディング法を超えて、我々のラボの進むべき方向を示してくれる羅針盤でもあるのです。

人の心には、起きているときなどの意識のある状態と眠っているときなどの無意識の状態のほかに、変性無意識という状態があります。うとうとしている半覚醒状態や、坐禅などで瞑想しているときの状態などです。

この変性無意識状態になれると、ユングの述べるところの集合的（普遍的）無意識という領域に入り込むことが可能になります。

集合的無意識とは、人間をはじめとするあらゆる物質の無意識が渾然一体となっている状態を指します。この集合的無意識には、全人類や宇宙の記憶が何万年、何億年と全て記憶されているのだといいます。これは、神秘学でいうところの「アカシックレコード」に相当するものだと考えられます。

この「アカシックレコード」に入り込み、病気や心や精神の原因の情報を、過去・現在にわたってリーディングするのがVFTというリーディング法です。

変性無意識状態になるということは、つまり無心になるということで、これがなかなか難しいのですが、経験を積めば誰でもできるようになります。

初心者のスタッフのように、張り切って「よーし！　やるぞっ！」と意気込むと、リーディングはかえって狂ってしまうものです。

ハンドセラピーをしているときもそうですが、私の場合はリーディングのときも、ほとんどウツラウツラと半眠り状態でやっています。まあハードな毎日で疲れているせいでもあるのですが、ウツラウツラしているといっても、セラピーが完了すると不思議とパッと目が覚めますし、リーディングもキチンとやっているのです。

以下、現在行なっているリーディングの範囲は以下の通りです。

◇骨格や骨格筋・内臓・内分泌系・免疫系などの各器官の異常部位と波動ブロック◇アレルギーの有無◇クレニオリズムのチェック◇チャクラのエネルギーレベルのチェック◇ストレスやトラウマなどによる脳レベルの波動ブロック◇カルマなどによる魂レベルの波動ブロッ

ク◇霊性による波動ブロックとその影響部位◇ジオパシック・ストレスのチェック◇人間関係やソウルメイト関係◇守護霊や守護天使の確認◇セラピーの方針

④関連づけワーク

この関連づけというワークも、バイタルセラピーの〝根源からのセラピー〟を可能にしてくれた重要な要素です。

関連づけワークとは、見せかけの症状の奥にある、真の原因（メジャー）を見つけ出し、その部位やチャクラなどをVFTリーディング法で探り出し、症状とメジャーを関連付けセラピーの方向づけをする作業です。

腰痛（でん部の痛み）という症状にたとえれば、

でん部の痛み（症状）↓坐骨神経の圧迫↓腰椎の変異↓仙腸関節の変異↓ストレス（メジャー）

という関連づけを、リーディングにより割り出していくのです。

この場合には、ストレスが症状であるでん部の痛みを誘発しているという診断が出てくるわけなのです。つまり、でん部や腰部には触れないで、ストレスの解放セラピーのみを行なうことにより、でん部の痛みも解消されるのです。

⑤脳の解放セラピー法

(1)顕在意識レベルと感情レベル（ストレス）解放セラピー

腰痛や肩こりの原因のほとんどは、心的ストレスによるものが多いようです（当ラボの腰痛患者の約八割はストレスが原因です）。現代人の逃げ場のないストレスの継続から、脳が自らを守るために、身体の弱い部分に痛みや緊張を生じさせるためだといわれています。

バイタルセラピーでいうところの〝ストレス〟とは、顕在意識で感じている心理的なストレスを指します。そのストレスが脳内や身体部位にエネルギーブロックを生じさせていて、しかもその状態が心や身体に影響をあたえ、何らかの症状を現わしている状態を指します。したがって、クライアント本人がストレス（悩み）と自覚している内容と異なる場合もあります。

ストレスの解放セラピーは、通常レイキを用いて行ないます。前述のエモーショナル・チャレンジという手法を用いて、ストレスによる脳内のエネルギーブロックを協和させていきます。

脳内のストレスが解放されると、身体各部位、たとえば腰痛でしたら、仙腸関節に生じていたエネルギーブロックが解消することにより生体エネルギーが活性化して、身体の自然治癒力（恒常性維持）を回復させ、結果として腰痛を緩和させるのです。

(2)潜在意識レベル（トラウマ）解放セラピー

顕在意識で生じた深いストレスが、潜在意識に潜り込んでしまった状態をトラウマ（PTSD）といいます。幼少期の好ましくない体験が潜在意識の奥に入り込んでしまい、〞子供のままの自分〞が否定的にプログラムされてしまうことを、インナーチャイルドということは第三章でも述べました。

このインナーチャイルド、つまり失ってしまった自己を思い出して再体験し、いまの成長した自分の心で認識し直し、過去の自分の出来事の中に新しい視点を持ちこむことにより、インナーチャイルドは癒され、ネガティブな影響は少なくなっていきます。

バイタルセラピーでは、このインナーチャイルドの開放・トラウマの解放セラピーをレイキで行なっています。

誘導瞑想により潜在意識に入り込み、過去のビジョンに出会わせるという手法は、従来のヒプノセラピーと同じですが、バイタルセラピーの特徴は、誘導とともに派生するネガティブな感情エネルギーを、同時にレイキで協和・解放してしまうということにあります。

また、事前のリーディングによりトラウマの概略を把握しているので、ヒプノのように手探りで誘導していくのではなく、あらかじめ知っている情報をもとにナビゲーションされているので、確実に誘導できるわけなのです。

ヒプノセラピーのように単に過去の事実の認識という時点にとどまらず、同時にエネルギーの解放も行なうことにより、植えつけられてしまった過去のマイナス波動のメモリーが根こそぎ解放されていくのです。

ときには後で述べるライトワークにより、ハイヤーセルフにリンクするという高度な手法を用いて魂レベルの解放も行なっています。

⑥チャクラ解放セラピー法

(1)チャクラの解放セラピー

神智学によりますと、人間は肉体を含め七つのエネルギー構造で成り立っているといわれます。感情や思考、愛情や性欲といった人間のパーソナリティーを構成する要因は、この七つのエネルギー構造から供給されているといいます

この微細エネルギーの出入り口をチャクラといって、主要なものが人体には七つあります（チャクラからは供給された微細エネルギーが身体を回り、要《い》らなくなって体外に出た余剰エネルギーのことをオーラといいます）。しかも、七つの各構造にそれぞれ存在します。

このチャクラが閉じたり広がりすぎたりして、エネルギーの供給が不調になると、肉体的

にも精神的にも不具合を生じさせます。

たとえば、第三チャクラに不具合があると、感情のコントロールが乱され、ヒステリックになったり（要するにキレやすくなったり）、消化器官などに不具合が生じたりします。

また、第五チャクラはコミニュケーションをつかさどるチャクラといわれ、ここが不具合になると、対人関係がうまくできなくなったり、最悪の場合には対人恐怖症に落ち入ったりします。甲状腺の病気も、このチャクラの不調が原因で起こるといわれています。

チャクラの解放セラピーは、エネルギーの供給が少なければチャクラを開いてやり、供給過多の場合は反対にチャクラを閉じたり、過剰エネルギーを抜いたりします。

このチャクラの解放だけでも、ちょっとした心身の不調なら速やかに改善されるでしょう。高度なスキルとしては、高い次元の高波動につながり、その供給を受けるためのエネルギースポットとしてチャクラを用いるというスキルもあります。

(2)チャクラ連結法セラピー

チャクラのセラピーには、チャクラそのものの解放セラピーのほかに、チャクラとチャクラを繋げたり、東洋医学でいうところの経穴とチャクラを繋げて、エーテル体内の生体エネルギー流れを闊達にさせるという、指圧や鍼灸《しんきゅう》に近い方法も行なっています。

このチャクラ連結法は、冷え性や手足のシビレなどに効果があります。

またチャクラと各病腺（患部）を繋げ、チャクラからの異常部位への生体ネルギーの供給を円滑にして症状を緩和させるという高度なスキルもあります。

⑦肉体構造の解放セラピー法

バイタルセラピーでは、肉体構造への直接のセラピーを行なうことはあまり多くありません。

前述の関連づけの理論により、メジャー（真の原因）をセラピーすれば、必然的に肉体的症状は緩和されるからです。

腰痛や捻挫などは、メジャーのエネルギーのブロックが解消しても、筋や靭帯の炎症が治まるまでのタイムラグがあり、自然治癒を待てないケースが多々見られます。この場合は、ボディに対して直接セラピーを行ないます。プラクタルチャレンジという手法を使って、速やかに改善します。

ただ、肉体の痛みもまたマイナス波動を派生することがありますので、レイキなどで痛みのマイナス・エネルギーを解放します。

海外から里帰りしたレイキには消えてしまった技法ですが、「血液交換法」という伝統的なレイキの技法を使うことがあります。これは冷え性やリンパの改善に素晴らしい効果を発揮します。このセラピーの後は、手足がポカポカすること請合いです。

⑧霊性療法（浄霊法）

(1)浄霊法

死によって肉体を離れた霊体が、何らかの理由で本来の居場所（界層）にいけずにさまよってしまい、私たちの肉体界で迷子状態になっているものが浮遊霊であり、自縛霊であって、その影響の結果が霊障です。

霊障は、身体や精神だけでなく人間関係にも影響をあたえ、人間を不幸にします。人霊や動物霊、幻想動物や人の想念など、アストラル界（幽界）にはマイナスの波動がうじゃうじゃいます。また、精霊やディーバといった肉体を持たない生命体もあふれています。それらが何らかの理由で肉体界に繋がってしまうと、霊障という不調を心身に引き起こします。軽いものでは、悪寒やだるさや下痢といった風邪のような症状を引き起こしたり、重症なものでは、憑依《ひょうい》による人格の豹変へといった現象や症状を引き起こします。

この現象は、肉体の波動が邪気という低い波動に乱され、肉体や精神に何らかの変調をきたすために起こるものです。

霊障は、本人だけでなくカブリといって、周囲の人にも影響をあたえます。マイナス波動

（邪気）の影響によって、イライラしたり、その人を憎んだり、ときには醜い争いにまで発展したり、人間関係をも阻害します。

また、肉体波動より高い波動も心身に何らかの影響をあたえます。急激に高次の波動に繋がってしまったときなどです。

人霊や動物霊をはじめマイナスのエネルギー体は、本来あるべき次元にもどす除霊や、高い界層に上げる浄霊を行ないます。

浄霊はレイキでは、なかなか難しく、もっと高い波動を用いて行ないます。

除霊や浄霊は、心身を浄化させ、結界を張って行ないます。油断すると、自分自身や周囲の者に害を及ぼしてしまうことがあるので慎重に行ないます。霊的能力が未熟なうちは、浄霊には手を出さない方が賢明でしょう。

また、霊に対しては怖《こわ》いという認識を捨て、尊厳の気持ちを持つことを忘れてはいけません。霊は魂であり肉体がないという状態だけの生命体であり、意思や意識を持っているということを認識しなくてはなりません。

除霊や浄霊を行なった後は、かならず依頼主とともに、その霊の冥福を祈って黙禱をしています。

(2)チャクラ・エーテル体レベルの修復セラピー

通常、人霊や動物霊などはアストラル界という界層に存在し、本来なら肉体界には入ってこないようになっているのです。

霊が憑《つ》きやすい人は、エーテル体というアストラル界から肉体界へのエネルギーの通り道の弁が損傷し、霊たちが肉体に繋がりやすい霊媒体質の人です。

また、霊に対する不安感が強い人は、恐怖感で肉体の波動レベルが下がってしまい、霊のマイナス波動と同調して憑きやすくなってしまいます。

いずれのケースも、繋がってしまう部位のエーテル体を修復したり、エーテル・コードを切断します。これは、いわばエーテル体の手術のようなセラピーです。

このエーテル・コードの切断は、人と人や人と場などの繋がりを絶つときにも用います。

また遠隔セラピーのときには、このエーテル・コードを通してエネルギーを送ったり、解放したりします。

(3)アストラル体やメンタル体レベルの解放セラピー

アストラル界やメンタル界には、人霊や動物霊など肉体界から上がっていくエネルギー体のほかに、高い界層から下界してくるエネルギー体も存在します。

DTやEXといったマイナスのエネルギー体の存在で、難病や原因不明の持病の本質的な原因となっているものです。

人間や動物の魂は上の界に向かって進化をしてきますが、エレメンタルといった、これとは逆の方向に下がっていく生命体があり、この逆進化の矛盾もまた病や禍の要因となるのです。

これとは別に、精霊や妖精といった生物の進化に必要なプラスのエネルギー体も、ときに人体に影響をあたえることがあります。

⑨前世療法（過去世レベル解放セラピー法）

「そのホログラフィックな性質によって、宇宙のあらゆる断片は全体の情報を保持しているばかりか、全体の情報にも寄与しているのである。宇宙ホログラムは時間の流れの中で凍てついた静止画像というより、一瞬一瞬ダイナミックに変動しているビデオテープに近いものであろう」

リチャード・ガーバー著の「バイブレーショナル・メディスン」に書かれていたこの言葉が、長年CMなどの映像演出の仕事をしていた私のイマジネーションを刺激しました。

映像とは時間的空間の軌跡をカメラで撮影し、フィルムやビデオテープなどの二次元世界に閉じ込めたメモリーです。そして、その二次元的メモリーを再現し、過去の記録や作品を三次元的時空間と錯覚させて視させているのです。

この映像の再現と同じ概念を前世療法に取り入れたのが、過去世レベル解放セラピーです。過去世レベル解放セラピーは、退行催眠を経ずに潜在意識や魂に閉じ込められたカルマという〝過去のメモリー〟に入り込みます。そして、過去の出来事を映像的イマジネーションとして認識させます。

クライアントは、あたかも映画のように三次元的イマジネーションを視ます。それはカラー映像であったり、モノトーンのビジョンであったりしますが、ときにはしゃべり言葉や感情すら伝えたりします。

カルマの中のストーリーによっては、あたかもビデオの再生のごとく早送りやスキップ、ズームアップといった映像的展開も見せてくれます。このことは映像クリエーターだった私の、時間を操作するという映像編集の感性のなせる業なのかもしれません。

クライアントはカルマの中の〝過去のメモリー〟に接すると、不思議なことに頭部に激しいネガティブな波動を発生させます。過去世におけるオゾマシイ出来事のメモリーが、数百年という時空を超えて現世の意識に、ネガティブな波動となって〝魂の叫び＝シグナル〟を発するのです。

このカルマからのネガティブな波動を、肉体的なセラピーと同じような方法で、レイキなどで解放していくのです。

⑩ライトワーク法

(1)ハイヤーセルフの癒《いや》し

私の誘導瞑想は多分、ヒプノセラピーなどの言葉による誘導瞑想とはかなり違った独特なもので、その内容を文章でいい表わすのは大変困難ですが、潜在意識の中のトラウマやカルマといった魂に閉じ込められた〝過去のメモリー〟を、前述の映像的概念のイメージとして誘導し、三次元的時空間のビジョンとして甦《よみがえ》らせているのです。

まず意識をハイヤーセルフに導き、〝映像的イマジネーション〟の中で自己のハイヤーセルフと出会わせ、そして二つを融合させます。このハイヤーセルフを白やブルーの光としてとらえる人もあるのですが、多くの人は淡い陽炎《かげろう》のようなブルーの人影として認識します。

この融合の中で、胎児からの現在までのトラウマという〝過去のメモリー〟を映像として探させます。見つかった出来事を〝気づき〟として感得させ、ハイヤーセルフの中にブロックされたマイナス波動を浄化していくのです。

第三章で述べた「魂と肉体の不具合」の問題の解消も同じで、ハイヤーセルフの中でその事実を認識させることから始めます。

多くの人たちは何らかの自覚と認識があり、「そういえば、男であったらよかったと子供のころから思っていました……」とか、「小さいころ、眠っていると誰かが耳元で何か囁《ささや》くことがありました……」とか、大勢の人がそういいます。皆さん、幼児のころから何となくそのことに気づいていたように思えます。

同じく第三章で述べた、スターピープルやアースエンジェルの人々の「魂と肉体の融合」も、ハイヤーセルフの中で行ないます。

(2)守護天使の癒し（光のハグ）

ハイヤーセルフと融合した意識を、今度はさらに高い次元に誘導し〝映像的イマジネーション〟として、守護天使に出会わせます。

ここではカルマのビジョンを映像認識させることで、その出来事がいかに今世の自己を呪《じゅ》縛《ばく》しているかを気づかせ反省させます。そして守護天使のハグの中で、傷ついた魂を洗い清めていくのです。

守護天使のやすらぎの波動の中で、ある人は号泣し、ある人は感動し、そしてえもいわれぬ〝至福〟を味わい、魂の癒しを経験するのです。

このライトワークが最高にうまくいくと、高次元の空間の中でバラの花や四葉のクローバーを見つけるという〝象徴的イマジネーション〟を体感したり、守護天使から結婚や赤ちゃんの誕生告知などの嬉しいメッセージを受け取る人もいるようです。

(3)クレアボヤンス・オペ

この「クレアボヤンス・オペ」は、スピリチュアル・セラピーとしての「バイタルセラピー」においての最後にたどり着いた究極のセラピーです。

ハイヤーセルフの中やイメージによる肉体内部に、いわば内視鏡手術のようにセラピストの意識を入り込ませていき、エネルギーワークをします。ときには守護天使などの高次のエネルギーもお借りします。

外側からのセラピーより細部にわたっての緻密なワークができるので、より魂レベルの癒しが可能になるのです。

霊感能力の優れた人の場合には、さらなる高次の存在とチャネリングし、メッセージを受け取るという、セッションも可能です。

いずれにせよこのライトワークが、現在のバイタルセラピーにおいては最高レベルの癒しをあたえる究極のセラピーだと思っています。

⑪心理療法

バイタルセラピーでは、心理学の要素もセラピーに取り入れています。特にストレスやトラウマのリーディングに、ユングやマズローなどの理論を応用しています。

たとえば、そのクライアントのトラウマを形成している心理的要因は何であるかを、マズローの法則に照らし合わせて分析します。その結果見つかった要因を、クライアントの意識に認識させると、脳にマイナス波動が生じます。そして、そのマイナス波動を確実に解放していくのです。

また、鬱病などのクライアントの方には、改善後に備えてのプラスイメージを与えるために、ＥＦＴという感情解放の心理療法も行なっています。ＥＦＴについては、書籍が何冊か出版されていますので、詳細はその書籍をご覧ください。

⑫整体法・操体法

腰痛や捻挫などの改繕などには、肉体的部位の改善のために整体法や操体法を行なう場合があります。

⑬呼吸法・瞑想法

バイタルセラピーのようなサイキックなセラピーは、残念ながらまだ世間に認知されているとはいえません。そのために不安感や疑心暗鬼な思いで訪れるクライアントの方も大勢いらっしゃいます。

そのようなクライアントには、セッション前に浄心呼吸法や瞑想法を指導・実践をしています。

事前にクライアントの緊張感や興奮を取り除き、平常心を持つことで、リーディングやセラピーを円滑に進めるためです。

また呼吸法や瞑想は、セラピー終了後の家庭での予後のケアのためにも勧めています。

⑭クリスタルデトックス

セッションの最後に行なうクリスタルヒーリングです。身体の中に残っている残留邪気や毒素をチャクラを通して体外に排出します。

④【バイブレーショナル・メディスンの将来】

◇動き始めているホリスティック医療や波動医学

西洋医学は、肉体（物質）しか診《み》ず、生命波動の存在すら認めておりません。西洋医学のベースである現代科学自体が、物質的証明という論拠のうえに成り立っているからです。

西洋医学は身体を構成する要因の、じつに半分しか診ていないということになるのです。明治五年の医師法の施行で、西洋医学以外は法的に医学として認められなくなり、それまであった東洋医学や伝統医療・民間療法は、医業として行なえなくなってしまったのです。

そして、私が以前に行なっていたカイロプラクティックなどの整体療法も、生命波動の存在を無視し、筋や骨格といった肉体構造のみを扱うだけの療法だったのです。

神智学でいうところの、人間のエネルギー界層という観点から見た場合の病気という現象は、エーテル体的要因が二五％、アストラル体的要因が五〇％、メンタル体的要因のものが二五％であり、肉体的要因のものは、細菌や事故によるものなど、その割合としてはじつに微々たるものであると伝えられています。

それが事実とするなら、現代医学は病気の要因のわずか一片しか診てないということになります。

アトランティスの時代から脈々と受け継がれたシャーマンなどの療法は、じつは生命波動を扱う根源療法だったということにもなるわけです。

今は亡きアトランティスの時代には、医学は三つの流れがあったといいます。一つはフラワーエッセンスなどを用いて波動療法を行なう「霊的な道を歩む」グループであり、もう一つは薬物療法を行なう物質主義的な「アロパシー医学」という現代の医学のようなグループ、そして残りの一つはホメオパシー医学を提唱する、霊的な立場と物質的立場の中間をいく「聖職者」たちのグループだといいます。

そのころは波動医学的治療が主流であって、薬物療法を提唱するアロパシー医学派は、ごく一部の少数派であったといいます。それが近代になって、ご存知のとおり物質主義の西洋医学一辺倒になってしまったのです。

そして皮肉にも、最先端の医学でも解消できない病気があるのだと人々が気づき、波動医学的治療＝バイブレーショナル・メディスンに期待が集まってきたことは、歴史の必然だと思います。

東洋の伝統医学では、「病気は間違った生活態度を気づかせてくれる、修正プログラムである」といいます。病とは、それを気づかせてくれる、まさに〝生命波動の叫び〟なのです。科学がいき着くところまできていると思われる現在、病気は細菌や肉体的な要因だけで起きるのではないのだと、遅ればせながら一般の人々も気づき始めたのです。

肉体だけでなく、感情や精神、霊性や魂の問題など病気を全体的に診る医療の考え方を、ホリスティック医学といいます。

このホリスティック医学を実践している先進的な医者たちの間では、この波動医学（バイブレーショナル・メディスン）に人類を救う次世代の医療としての可能性が期待されており、西欧ではすでに多くの医師たちや波動セラピストたちが協同して実践に動き出しています。

◇霊的見地からの健康の定義

「健康とは、（中略）身体的、精神的、社会的および霊的（スピリチュアル）にダイナミック
に安寧な状態である」

一九九八年、WHO委員会において、「健康の定義」を新しく見直そうという右記のよう
な提案がなされたということを第二章で述べました。

このことこそ、霊性（スピリチュアル）の問題抜きには健康を語れないという事実に、
人々が気づき始めた一声なのです。

「三日間もオシッコが出ないのに、何でもないと医者にいわれた……」

「私が近づくと、皆が嫌な顔をして去っていく……ワタシ臭いのでは？」

「会社にいくと気分が悪くなってしまう……やっぱ会社が合わないんだ……」

「まだ四十歳前半なのに生理が止まり、あなたはもう女の体ではないといわれた……」

「風邪でもないのに、すぐノドをやられてしまう……」

「食事には気をつけているのに、しょっちゅう下痢を起こす……」

「喘息の発作やアトピーは自分の体質のせいだし、ステロイドと長くお付き合いするしかな

いか……」

医者から何でもないといわれたのに相変わらず続く症状、慢性病や体質だと半ばあきらめていた症状……、こんな症状の、その原因のほとんどはマイナス波動の影響だと思ってください。

私たちの身体の生体波動を乱す要因＝つまり人霊や動物霊、はたまた幻想動物や精霊といった肉体を持たないマイナス波動の生命体や恨みや憎しみといった想念波動、風水などでいわれる地場や部屋のマイナス波動……、こういったネガティブな波動体は、私たちの回りにウジャウジャいて、私たちの健康を損《そこ》ねているのです。

それは目に見えない細菌や微生物が、じつは私たちには見えないだけで、空気中に数多く舞い散っているのと同じです。

肩こりや頭痛持ち、下痢や便秘体質、喘息《ぜんそく》持ちや喉の弱い体質、蕁麻疹《じんましん》など皮膚の過敏な人、すぐにキレやすい人……、今まで体質や持病と思われているこれらの病の大半は、このネガティブな波動体の影響で起こるのだということを知ってください。これらは、霊障という霊の影響を受けた症状の一つなのです。

いわゆる霊媒体質といわれる邪気の憑きやすい人や気感の過敏な人などは、霊などマイナスの波動体にすぐに反応してしまい、気管支や大腸といった自分の一番弱い部位に影響が出てしまうのです。
マイナス波動を持っている人や、マイナス波動の場からの影響を受けて反応してしまう〝カブリ〟という現象によっても霊障は起こります。

始末が悪いことに、このネガティブな波動体は虫眼鏡や顕微鏡では視《み》ることができません。これらの道具は、物質の存在だけを拡大して視るためのものだからです。病気を物質という観点から捉え、開発された高度の医療検査機器もしかりです。

ドイツなどで開発された波動測定器という機械はあることはあるのですが、波動の周波数レベルを数値で表わすというもので、画像など視覚に訴える検証はしてくれません。

胎児の映像を視るエコーといった装置や気象レーダーといった装置のような、波動を測定する機器があったら、ネガティブな波動体の人体への影響を事前に防いだり予測できるのだが……と私は常々思っています（キルリアン写真などはありますが……）。

気象情報や花粉情報のように、霊注意報や霊スポット情報なんていうのがあったら、もっと健康でいられるのにと、冗談みたいなことを考えてしまいます。

このような霊性による障害が人々の身体や精神を蝕《むしば》んでいるという事実が、これほどまでに巷《ちまた》に溢れているにもかかわらず、UFO事件と同じように迷信や錯覚の生んだ〝つくり話〟として一笑に付されてしまうのです。そして魑魅魍魎《ちみもうりょう》のなせる陰の部分に封印され、科学や医学といった表舞台には登場しなくなってしまうのです。

二〇〇五年一二月一六日の朝日新聞の国際欄に、バチカン公認の大学で「エクソシスト（悪魔祓《ばら》い）講座」が開かれているという記事が載っていました。

「テロなどの不安な時代を反映して、イタリアでは魔術師や霊媒師を頼る人が増え、若者の間では悪魔崇拝が流行している。その影響で悪魔祓いの希望者が急増しているにも関わらず、エクソシストの数が不足している……こんな時代背景に対応して、バチカンがエクソシスト講座を開いた」というのです（そういえば有名な「エクソシスト」という映画につづいて、「コンスタンティン」や「エミリー・ローズ」といったエクソシストを題材にした映画も最近よく見受けられます）。

この記事を読んで思ったことですが、バチカンといったカソリックの総本山で取り上げられたり、朝日新聞といった大手のメディアが報じるといった状況を見るにつけ、こういった陰の部分が表に出てこらざるを得ない時代がきているのだと痛烈に感じるのは、私だけではないのだと思います。

いずれにせよ、霊性や悪霊といった領域を非科学的なものと黙殺せずに、波動科学や波動医学といった学問の観点から捉える研究者や医師が、数多く現われることを切望してやみません。

冒頭に書きました「健康とは、（中略）身体的、精神的、社会的および霊的（スピリチュアル）にダイナミックに安寧な状態である」……というWHOの「真の健康の定義」への道なのです。

「生命波動の不調は肉体の不調に繋がり、肉体の不調は生命波動の不調につながる」――肉体の構造と波動の構造……その両方を診ずして、真の健康と幸せはありえないのです。

第六章——アセンションへの道

この章が

あなたの未来への

ヒントになれば……

①【セラピストへの気づき】

◇フィレンツェの神秘体験

一九八六年、その当時CMなどの映像の監督業をしていた私は、ダイドー・ブレンドコーヒーのコマーシャル撮影のために、俳優の水谷豊さんらと一緒にイタリアのフィレンツェにいきました。

かつて、フィレンツェの街を支配していたというメディチ家の礼拝堂の八角形のドームがこの撮影のロケーションです。

ミケランジェロが建てたというこの礼拝堂の天井の八角形のクーポラを飾っているのは、キリストの生誕から死までの一生を描いたといわれるピエトロ・ベンヴェヌートのフレスコ画です。

撮影はその八角形の天井のフレスコ画を見上げて感動する水谷さんの姿を、円形のドリー（移動車）で追うといった内容だったと思います。

そのときの撮影監督は現地イタリアの方で、何とあのイタリアの名作「鉄道員」という映画の撮影助手をやられたというロベルトさん（記憶違いで名前が間違っているかもしれませんが）という方でした。

そのころのイタリアの映画界は徒弟制度的傾向が強く、一三歳の年に助手として出発したと聞き、「エッ、あんな古い映画のスタッフだったらロベルトさんは、いったい今、いくつなんだろう？」という疑問に納得いきました。

ちょうど、昼休みでスタッフは食事に出かけてしまい、礼拝堂の中には私一人が残っていました。午後からのカットをどう撮ろうか？　と天井のフラスコ画を見上げていたそのときです。八角形の天窓から差し込む正午の太陽の光が一条の光となって、十字架にされたキリストの顔の辺りにサーッと降り注ぐのです。それは、まさにキリストを癒す神の慈悲のように感じられました。

そして、キリストに降り注いだ光は、緑色の雲のようなオーラとなって、ドームの下にいる私をめがけて降りてくるのです。

降下してきた緑色のオーラに包まれた私は、なぜだか理由もなく感動に涙が溢れてきました。今思えば、それが〝光の癒し〟であり、〝気づき〟だったのだと思います。

◇手の平に刻まれた神秘十字

私のセラピーラボが、まだ渋谷にあったころのことです。先天的な仙骨の欠損による腰痛と下肢麻痺の改善のため、セラピーに通っていたKさんとの出来事です。

何回か通ってきたある日のことです。Kさんがラボに入ってくるや、「先生！　手を見せてください」と突然、私の手相を見だすのです。今まで手相占いをやっているなどという話を聞いたこともなかったので、変だなあと思って思案顔の私に、「先生の掌には神秘十字がありますネ！　やっぱり……左の掌も見せてください！　あーッやっぱり、左手もネ……」

神秘十字とは、頭脳線と感情線の間にあって、それに運命線がクロスしていてちょうど、十字架のように見えるもので、シークレットクロスともいわれ、これは誰にでもある線ではないのだそうです。

「この手相の人は、霊感が強く、人を導くために生まれてきた人なんですよ」「左手にある人は先天的に使命をあたえられた人で、右手は後天的に気づかれた人です」「先生の場合は両手ともこんなくっきりと十字が見えるから、もうこの道でやるっきゃないですね！」

彼女は占星術や易学をちょっとかじっていたから、前から私のことが気になっていたというのです。

しかし、その日を境に、その女性はまるで自分の目的を果たしたかのように、ぷっつりとセラピーにこなくなってしまったのです。

②【アセンションへの道】

◇フォトンベルトやアセンションのこと

一九六一年、ドイツ人天文学者ポール・オット・ヘッセ博士は、人工衛星を使って観測をしている最中に、プレアデス星団付近で奇妙な星雲を見つけた……。

一九九六年、宇宙空間に浮かぶハッブル宇宙望遠鏡は、宇宙の遥かかなたに存在する「フォトンベルト」の撮影に成功した……。

今、銀河系の中でかなりエネルギーの高い黄金色の星雲が、発見されています。それが「フォトンベルト」といわれるものです。太陽系は、銀河系の中を一定の速度を保ちつつ回っていますが、二〇一一年もしくは二〇一二年に私たちの太陽系がこのフォトンベルトに、すっぽりと入ってしまうといわれています。

エネルギーの高い光子の渦巻く領域の中に入ってしまうと、磁場、重力場に変化が起こり、地球の振動数も上昇、そして人間や動物などの物質にも変化が起こってくるという驚愕の出来事が進行しているのです。こういった波動の次元上昇を、「アセンション」と呼んでいます。

以下、フォトンベルトの研究の第一人者であられる渡邊延朗氏の公式ページより、「アセンション」に関する情報を紹介させていただきます。

――フォトンは、物質すら変質させてしまうという程のすさまじいエネルギーの塊のようなもので、人体をライトボディ化してしまうといわれる程だ。人体がライトボディ化しさらには覚醒すると、それまでとは一変し覚醒化により、至高感、平静、無条件の愛、洞察に満ちた意識の状態を体験するようになるのである。さらにはこれまでは封印されていた超能力も開化するのだともいわれている。(中略)

そのような存在は〝神の意思〟によって浄化されても仕方がないかもしれない。「終末」とは、「古い終わり」の終わりであり、「新しいはじまり」のはじまりなのだと思えば、地球の進化についていけない人びともでてくることになる。

つまり選ばれし者と選ばれざれし者とが生まれることは間違いないが、明確にいえば選択権はその人自身が持っているということである。

シュタイナーが霊視した「アカシャ」に記録されているように、宇宙さらにはこの地球の進化にあわせ、自らも霊的な存在であることを強く認識し、次段階の高次元のステージへの進化と魂の完成に向けての自意識をもつことが重要なのだ。

おそらく二〇一二年十二月二三日以降は、真の宇宙意識を持てる人しか生き残れないであろう。それ以前に決定的な事態に遭遇する人たちもでてくる可能性もある。

二万数千年ぶりに始まるフォトンベルトに我々の地球が遭遇することで、「浄化と癒し」というすべての惑星が体験するという〝通過儀礼〟によって、〝神の意思〟は達成されるのである。――

◇アセンションに関するチャネリングの記録

これから述べる事柄は、二〇〇五年より二〇〇六年にかけて何人かの人を通しての高次の存在とのチャネリングしたときの記録です。

(1)二〇〇五年一一月、栃木県から訪れた桜田千絵さん（仮名）という女性のセッション中の出来事です。

前年の秋から三回目のセッションであったこの日、〝守護天使に抱かれる〟という最終のセラピーであるライトワークを行なっていたときです。高次界に繋がった彼女の変性無意識が視たものは、彼女の守護天使エセディエルではなく、さらに高い次元の存在だったのです。
以下は、増田が桜田さんを通して質問し、彼女が中継メッセンジャーとして〃その存在〃の言葉を告げるという形で始まった、予期せぬ最初のチャネリングの記録です（Q：質問者の増田、M：クライアントを通してのメッセージ）。

Q：「質問していいですか？」
桜田：返事はなしだが、いいといっている感じ。少し機嫌が悪いよう。桜田がリラックスすると、相手も少しリラックスした。
Q：「私たちは、人類や地球のために何をしたらいいですか？」
M：「体中からエネルギーを出して、光を出す。くまなく」
Q：「増田は桜田のような人を導くのですか？」
M：「そうだし、もう導いているし、分かっている」
Q：「私の周りにいる人たちを導いて、そういう人たちが光を出すようにしたらいいのですか？」
M：「出す人もいるし、出す必要のない人もいる」
（中略）

Q：「アセンションが二〇一一か二〇一二年にするという……次元上昇するのは本当ですか？」
M：「する」
Q：「そのとき、魂が消えてしまう？」
M：「そんなことはない」
Q：「今の人類はアセンションすると、食したりしなくなりますか？　あるいは、ほかの星に移ったり？」
M：「心が変わるだけ」
Q：「本質を見つめる人間になるのですか？」
M：「そういう人が増えるけれど、そうなれない人もいるから、もしかしたら二つに分かれるかも……」
Q：「アセンションに向けて、桜田と私は何をするべきでしょうか？」
M：「桜田は継続、あなたは導き」
（中略）
Q：「ダークという存在は、神があたえたものですか？　それとも人間の悪の心が生み出したのですか？」

M：「神以上のもの、何を神としているのか分からないが……」
Q：「宇宙の創造のエネルギーを神とするならば……」
M：「二つの存在は構造の一部だ」
Q：「神が創った構造ですか？」
M：「そうだ」
Q：「あなたはダークの存在を知っていますか？　関係しているのですか？」
M：「知っている。直接かかわらない。見ているだけ」
Q：「戦争や民族抗争はダークの仕業か？　私の周りでも誘惑や苦悩は試練ですか？」
M：「人間だから、起こりえること。一つの学びでもある」
Q：「アセンション後、ダークとライトは交わるのですか？」
M：「融合……うまくできればいいが……」
Q：「神は見守るだけですか？」
M：「見守っている」
桜田：（ビジョンで）天使がたくさん見える……。
Q：「ダークや邪気を上の界層に上げるのは、正しいことですか？」
M：「そうだ。あなたたちのエネルギーの向上のためでもある」

Q：「ホワイトブラザーズフットは、私たちと繫がってますか？　それはマイトレーヤの人たちですか？」

M：「そうだ」

（中略）

Q：「キリストがふたたび降臨するというのは、先ほどの一〇人を指すのですか？」

M：「そうだ。時代に応じて必要な数だけ……」

Q：「私たちは光を放つだけで、表にはでないのですか？　キリストやモーゼのように」

M：「あなたは出てもいいが、桜田は出る必要はない」

Q：「桜田と私は別々に進むべきですか？」

M：「いいえ。まだ今は……。将来的に別れる」

Q：「桜田に光を放つ術を教えるべきですか？」

M：「教えてやればいい」

（中略）

Q：「アセンションのことを聞きたいのですが、魂が向上し、愛が芽生え、本質を知り、争いがなくなるということですか？」

M：「精神の向上」

Q：「光を放ち、体や心を癒すことが自分自身で皆ができるようになる？」
M：「そう願っている」
Q：「争いはなくなりますか？　戦争とか」
桜田：回りくどいいい方で、「なくならない」と。
Q：「魂の目覚めた人とそうでない人が二極化すると？」
M：「そうではないが、それぞれ存在する」
Q：「いま以上に対立しませんか？」
M：「そのときにそれは必要なこと」
Q：「南北の戦いや宗教の戦いなどの二分化に近いことですか？」
桜田：魂レベルの問題で、別れてしまうのは、魂的な差ができてきてしまうから、そうならないように今世の中では様々なことが、魂レベルをあげようという、地球規模でのエネルギーが上がっているという感じのことが伝わってきます。

以上

(2)以下は、二〇〇六年四月一八日、広末聖さん（仮名）の大天使ガブリエルとのチャネリングの記録です。

Q：「近ごろ、日本において鳥類が不審な死を、つぎつぎと遂げています。それは、二〇一一年あるいは二〇一二年に起こるアセンションのせいですか？」

M：「そうだ」

Q：「これは、人間にも影響を及ぼしていますか？」

M：「一部の人に」

Q：「私のような敏感なものに感じているのでしょうか？」

M：「はい」

Q：「いずれ、人間にも犠牲者が出ますか？」

M：「犠牲者は出る」

Q：「夢を見たのですが、そこで私は、いろいろな人を助けなくてはいけないと啓示を受けたのですが、そうなのでしょうか？　行動するときでしょうか？」

M：「そのうちに、流れのままに」

Q：「弟子たちを育てて、アセンションに向けて、波動上昇を乗り越えたらいいのですか？」

M：「転機はくる」

(3)以下は、二〇〇六年四月二五日、阿部友美さん（仮名）の守護天使とのチャネリングの記録です。

Q：「アセンションについて、二〇一六年に洪水のビジョンを見たのですが、本当に起こりますか?」（数日前にスタッフでチャネリングを試み、洪水のビジョンが浮かんだことについて）

M：「努力によって時間は稼げるが、いずれそうなる。神でも避けられないことである」

Q：「人類は滅亡するのでしょうか?」

M：「魂は、なくならない。違う次元で再生される。他の星に転生する人もいれば、地球に戻ってやり直す人もいる。ただし、地球が冷え切って枯れていなければ、生命の再生の余地があれば……」

Q：「なぜ、このことをマスコミが騒がないのですか?」

M：「生命の本質レベルの恐れがあるので。気がついたらパニックになって生きていけなくなってしまう。自分でブレーキをかけている」

Q：「物質界で、人が死んでしまうのは悲しいことですが……」

M：「魂はなくならない。悲しいことではない」

あとがき

原稿を書き終えて思います。

「人間は、いかに過去というメモリーによって動かされて生きている」のだということを……。そして「自分の意志ではなく、何か大きな力によって生かされている」ということを……。

私はセラピストとして、人々の心や身体の悩みや苦痛を癒《いや》すというお世話をしてきました。でも、こういった仕事に進んだのは自分の意志ではなく、何かの力によって仕向けられた結果だと思えてなりません。

これから起きるであろう、人類のアセンション（次元上昇）に向けての、お手伝いの末端を担うためなのかも知れません。

神智学やトランスヒマラヤ密教を繙《ひもと》くと、人間界とは魂の進化のプロセスであり、過去の業＝カルマの気づきのための修練の場であると書かれています。

感情の生き物から智慧の生き物へ、未完から完成を目指して、最終的には神へと魂の覚醒を目指すのだと……。

でも、こうも思うのです。人間界とは未完だからこそ、多くを学べる素敵な場なのだと……。

酒を飲みすぎては失敗し、欲をかいては騙《だま》されて、こうして二度と過《あやま》ちを犯さないと反省し学んでいくのです。そして、その過ちから立ち直って、「俺もチョットばかし進化したのかな……」と至福を得るのです。

つまらないことに腹を立てたり、心を痛めたり、泣いたり、喚いたり、嫉妬したり、そんな感情を持っているからこそ、出来事や自然の移ろいに涙し、感動したりできるという素晴らしさも同時に持てるのです。

私はサウナ風呂が好きなのですが、サウナに入る目的は、その後に入る水風呂のカタルシスを得るためであり、何よりもサウナの後の乾きを癒すビールもまたしかりです。あと一分あと一分と、高温に耐えに耐える〝苦〟は、その後の〝至福〟のためなのです。

魂の進化はさておいて、人間という修練のプロセスの場を開き直ってエンジョイしようではありませんか……。

この本もそんな進化のプロセスの中の修練だと、楽しんで書きました。

私の〝進化〟のために、長いお時間おつき合いいただいて本当にありがとうございました。

◇参考文献

・秘教から科学へ（神尾学／出帆新社）
・バイブレーショナル・メディスン（リチャード・ガーバー＝著・上野圭一＝監訳／日本教文社）
・トランス・ヒマラヤ密教入門①〜⑤、A・ユリアーンス編（アリス・A・ベイリー＝著・土方三羊＝訳／アルテ）
・気と宇宙エネルギーの科学（松本順／日本教文社）
・癒しの霊気法（土居裕／元就出版社）
・エネルギー医学の原理（ジェームズ・L・オシュマン＝著・帯津良一＝監修／エンタプライズ）
・アプライド　キネシオロジー（デービット・S・ウォルサー＝著・栗原修＝訳／科学新聞社）
・EFTマニュアル（ギャリー・A・フリント＝著・橋本敦生＝監訳／春秋社）
・腰痛は〈怒り〉である（長谷川淳史／春秋社）
・アトランティスの叡智（ゲリー・ボーネル＝著・大野百合子＝訳／徳間書店）
・光の手　上・下巻（バーバラ・アン・ブレナン＝著・三村寛子・加納眞士＝訳／河出書房新社）
・新しい波動健康法（ヴィンフリート・ジモン＝監修・野呂瀬民知雄＝著／現代書林）
・超ひも理論（広瀬立成／PHP研究所）
・神癒の原理／ヒマラヤ大師の教え（M・マクドナルド・ベイン＝著・仲里誠桔＝訳／出帆新社）
・心理学のすべて（深堀元文＝編著／日本実業出版社）
・手にとるようにユング心理学がわかる本（長尾剛／かんき出版）
・精神世界がわかる事典（北川隆三郎／日本実業出版社）
・聖なる癒し（ミッシェル・スモール・ライト＝著・穴口恵子＝訳／コスモ・テン）
・フォトン・ベルトの謎（渡邊延朗＋宇宙の法則研究会／三五館）
・クォンタムタッチ（リチャード・ゴードン＝著・埴原由美＝訳／ヴォイス）
・インディゴ・チルドレン（リー・キャロル＆ジ

ャン・トーバー＝編著・愛知ソニア＝訳／ナチュラルスピリット）

・ハトホルの書／アセンションした文明からのメッセージ（トム・ケニオン＆ヴァージニア・エッセン＝著・紫上はとる＝訳／ナチュラルスピリット）

・クンダリーニ覚醒術（ラヴィンドラ・クマール＝著・井上宏＝訳／心交社）

・エンジェル・ヒーリング（ドリーン・バーチュー＝著・牧野・M・美枝＝訳／ダイヤモンド社）

・アカシヤ年代記（R・シュタイナー＝著・高橋巖＝訳／図書刊行会）

【著者紹介】
増田蘭修（ますだ・らんしゅう）

◇染色デザイナーとしてスカーフなどのテキスタイルデザインに従事。その後CM映像監督に転身し、小学館「ピッカピカの一年生」や「三井のリハウス」などのCMをはじめとする多くの映像作品を手がける。自身の腰痛治癒をきっかけに東洋医学に興味を抱き、カイロプラクティックやオステオパシーをはじめ整体法や操体法を学ぶ。その後、カイロプラクターとして東京渋谷に「蘭修堂治療室」を開設。レイキと出会いを契機に、セラピーの方向は波動療法へと移行していき、2002年、長年研究していた独自のエネルギーワーク「バイタルセラピー」を、月刊手技療法（たにぐち書店）に発表。現在、バイタルセラピーラボ・波動セラピスト、レキマスター、カイロプラクター、心理カウンセラー。

◇セラピーやセミナーのお問い合せ先

バイタルセラピーラボ

TEL：03-5907-6915　Mail：vital@pickup-j.com

H P：http://www.pickup-j.com/reiki

バイタルセラピー〔波動と病と幸福のしくみ〕

2006年11月28日　第1刷発行

著　者　増田蘭修
発行人　浜　正史
発行所　株式会社　元就《げんしゅう》出版社
〒171-0022 東京都豊島区南池袋4-20-9
サンロードビル2F-B
電話　03-3986-7736 FAX 03-3987-2580
振替　00120-3-31078
装　幀　熊田正男
デザイン　宮沢　章
印刷所　中央精版印刷株式会社

※乱丁本・落丁本はお取り替えいたします。

ISBN4-86106-047-8　C0077